개정판

내게는 특별한
러시아어를 부탁해

첫걸음

다락원

내게는 특별한 러시아어를 부탁해

지은이 이혜승
펴낸이 정규도
펴낸곳 (주)다락원

초판 1쇄 발행 2017년 4월 28일
개정판 1쇄 발행 2024년 7월 5일

편집 이숙희, 이현수
디자인 윤지영, 윤현주
일러스트 윤병철
감수 다니일 비노그라도프, 박모란카밀라, 정정원
녹음 투식스미디어 (TooSix Media), 최재호, 이동은

다락원 경기도 파주시 문발로 211, 10881
내용 문의 : (02)736-2031 내선 420~426
구입 문의 : (02)736-2031 내선 250~252
Fax : (02)732-2037
출판등록 1977년 9월 16일 제406-2008-000007호

Copyright ⓒ 2024, 2017, 이혜승

ISBN 978-89-277-3337-9 13790

http://www.darakwon.co.kr
다락원 홈페이지를 방문하시면 상세한 출판 정보와 함께
MP3 자료 등 다양한 어학 정보를 얻으실 수 있습니다.

내게는 특별한
러시아어를 부탁해

첫걸음

이혜승 지음

머리말

외국어를 배우는 것은 나를 둘러싸고 있던 삶의 테두리, 사고의 한계를 넘어서 인류가 다양한 지붕 아래에서 축적해 왔던 풍요를 내 것으로 만드는 소중한 체험입니다. 나와 다른 세계에 속해 살아왔던 사람들과의 소통을 가능하게 한다는 것 외에도 그들이 지나온 시간과 공간 속으로 들어가서 새로운 세계를 내 것으로 만드는 경험, 그 속에서 꾸준히 성장하고 있는 자신을 발견하는 경험은 외국어가 줄 수 있는 선물이자 외국어 공부를 하는 사람만이 누릴 수 있는 특권입니다.

러시아는 아시아와 유럽을 아우르며 뻗어있는 넓은 대지만큼이나 다양한 모습을 간직하고 있습니다. 아시아와 유럽, 동과 서라는 이질적 요소가 대립하면서도 공존하기 때문에 만들어질 수 있었던 독특한 문화와 기질, 그리고 러시아만의 특성이 러시아어에 고스란히 반영되어 있습니다. 러시아어 역시 처음 배우기 시작할 때에는 생소한 문자, 격 체계 등으로 인해 먼 서구의 언어라는 느낌을 주지만 알면 알수록 어순이나 여타 구문에서 오히려 우리말과 닮은 모습을 발견할 수 있습니다. 겉으로 무뚝뚝하고 불친절해 보여도 친구가 되고 나면 포근하고 정감 있게 많은 것을 주고 베풀며 넉넉한 품을 내어 주는 러시아 사람들처럼 말이죠. 멀게만 느껴졌던 러시아가 점차 친숙하게 다가오는 경험, 러시아라는 새로운 세계에 들어가 그 속에서 나를 다시 발견하는 소중한 경험을 하는 데에 이 책이 조금이나마 보탬이 되기를 바랍니다.

이 책은 러시아어를 처음 배우는 초급 학습자부터 러시아어를 접하기는 했지만 아직 많은 것이 어색하고 생소한 기존의 학습자들까지 스스로 기본 문법을 익혀서 다양한 상황에서 응용할 수 있도록 만들어졌습니다. 각 단원마다 핵심 문법 사항과 함께 실제 러시아 화자들과의 소통에서 활용할 수 있는 회화가 두 편씩 포함되어 있고, 회화를 응용하는 데에 도움을 주는 추가 어휘와 기타 유용한 표현이 제시됩니다. 심화된 정보나 상세한 설명이 필요한 경우 학습자들은 본 교재 뒤에 첨부되어 있는 추가 문법 및 문법 편람을 참고할 수 있습니다. 휴대가 편리하도록 작은 크기로 제작된 미니북에는 주요 표현이 정리되어 있어서 언제 어디서든 손쉽게 기본 표현을 익히는 데에 활용할 수 있고, MP3 파일을 통해 생생한 원어민의 발음 및 표현을 익힐 수 있습니다. 그 외에도 동영상 강의를 통해 공부하면서 가질 수 있는 의문점이나 다양한 질문에 대해 스스로 답을 찾을 수 있습니다.

이 책의 출간을 위해서 애써 주신 많은 분들께 지면을 빌려 감사 말씀을 전하고 싶습니다. 러시아어 관련 편집과 검토를 도와주신 박수연 님과 친절한 입문서가 되도록 의견 주시고 구성부터 편집에 이르기까지 출간의 전 과정을 세밀하게 살펴 주신 다락원 편집진 여러분께 감사 드립니다. 대학 입학과 더불어 러시아어를 접하게 된 이후 크고 작은 고민과 부침, 성취와 도전을 겪을 때마다 때로는 격려로, 때로는 자극으로 앞에서 끌어 주고 뒤에서 밀어 주신 선배, 동료, 후배님들, 그리고 묵묵히 기다리며 지지해 주고 한결같은 너그러움으로 힘을 주는 가족들에게 그간 표하지 못한 고마움을 전합니다. 이 책을 통해 러시아어를 접하며 미래의 든든한 동료, 후배가 되어 줄 수 많은 도현과 보미들에게 아낌없는 응원을 보냅니다.

이혜승

예비과

학습자들에게 생소한 러시아어 알파벳을 인쇄체와
필기체로 살펴보고, 각각의 글자들의 발음을
정확하게 발음할 수 있는 기본 지식을 알려 줍니다.
또한 러시아어의 발음 규칙과 러시아어에서
나타나는 특징인 강세와 억양 구조를
살펴봄으로써 학습자가 러시아어 알파벳과 발음을
보다 쉽게 익힐 수 있도록 합니다.

본문 1~20과

● 주요 구문 & 문법

각 과에서 다루는 문법과 관련 구문을 소개하고
설명합니다. 각 과에서 배우게 될 내용을
압축적으로 요약한 핵심 구문을 삽화와 더불어
페이지 상단에 제시함으로써 학습 내용을 한눈에
파악할 수 있습니다. '주요 구문 & 문법'의 첫
페이지는 대화 1에 관련된 문법·구문 설명이고,
둘째 페이지는 대화 2에 관련된 문법·구문
설명입니다.

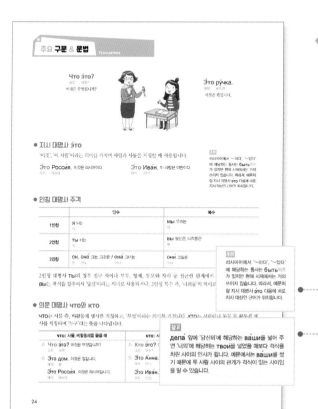

주의 발음이나 철자 등 학습자들이 주의해야 할
부분을 다시 한번 짚어 줍니다.

참고 기본 문법 사항 외에 부가적으로 알고
있으면 도움이 되는 내용을 참고로
제시합니다.

• 대화

대화 1과 대화 2로 나누어져 있습니다. 앞에 제시된 주요 구문과 문법을 활용하여 실생활에서 만날 수 있는 다양한 상황을 재현합니다. 다양한 상황별 대화문은 회화 실력을 향상시키는 기회를 제공합니다. 5과까지 러시아어에 가장 가까운 한국어 발음이 병기되어 있어 학습 초기에 발음을 익히는 데 도움을 줍니다.

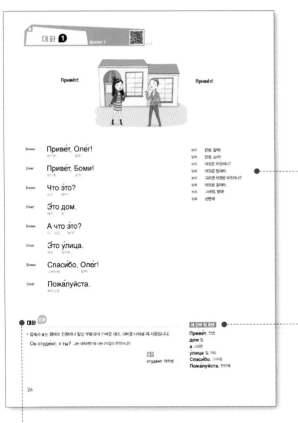

해석 각 과의 대화문을 우리말로 옮겨 학습자의 이해를 돕습니다.

새 단어 및 표현 대화문에 새롭게 등장한 단어와 표현들을 한국어 뜻을 함께 정리합니다. 필요할 경우 학습자의 이해를 돕는 설명을 포함하고 있습니다.

대화 Tip 대화문에 등장한 주요 표현에 대한 추가 설명과 주의 사항을 담고 있습니다.

• 발음

러시아어의 특징적인 발음 규칙을 익혀 정확한 발음을 구사할 수 있게 도와줍니다.

• 추가 단어

각 과의 내용과 관련된 단어들을 분야별로 나누어 삽화와 함께 제시함으로써 어휘 실력을 키워 줍니다.

• 유용한 표현

다양한 상황을 통해 실생활에서 유용하게 쓸 수 있는 러시아어 표현들을 익힐 수 있습니다.

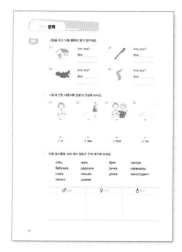

● 연습 문제

각 과에서 배웠던 학습 내용을 제대로 이해했는지 스스로 확인하는 부분으로
문법·듣기·읽기 문제로 나누어져 있습니다. 다양한 유형의 관련 문제를 통해
문법 내용을 복습하고, 듣기 문제에서는 청취를 통해 학습 내용을 파악할 수 있는
능력을 기르도록 해 줍니다. 듣기 문제는 각각 두 번씩 들려줍니다. 마지막으로
다양한 내용의 읽기 문제를 통해서 독해력과 어휘력을 향상시킬 수 있습니다.

● Inside 러시아

러시아의 사회, 문화 및 풍습 등을
소개하며 각 과의 대화 내용과
관련된 주제를 다루고 있습니다.

주요 표현 미니북 　일상생활에서 자주 쓰이는 러시아어의 기본적인
　　　　　　　　　　구문을 정리하였습니다. 각 과의 내용을 공부한
후에 확인 차 살펴보거나 회화에 응용할 수 있습니다. 러시아어와 한국어가
동시에 녹음되어 있고, 포켓북 크기로 되어 있어 휴대가 간편합니다.

쓰기 노트 　러시아어의 인쇄체와 더불어 실생활에서 주로 사용하는
　　　　　　　필기체를 잘 보고 여러 번 반복해서 정확하게 써 보는
연습을 합니다. 러시아어 알파벳의 필기체를 연습한 후, 단어와 문장을
연결해서 쓰는 필기체 쓰기 연습에도 활용할 수 있습니다.

MP3 음성 파일 　QR 코드로 제공되는 MP3 음성 파일은 학습자가
　　　　　　　　　원어민의 발음에 익숙해지도록 본책에 있는
예비과의 알파벳과 발음, 각 과의 대화문과 듣기 연습 문제, 추가 단어,
유용한 표현 등을 담았습니다. 반복해서 듣고 따라 읽어 주세요.

동영상 강의 　예비과 1, 2와 본문 20과, 총 22개의 강의로
　　　　　　　구성되어 있으며, QR 코드로 손쉽게 시청할 수
있습니다. 각 과의 핵심 내용을 쉽게 풀어 설명함으로써 학습자의
이해를 돕습니다. 본 책의 제한된 지면으로 인해 자세한 설명을
곁들일 수 없었던 부분을 저자 직강 동영상 강의로 보완하게 됩니다.

차 례

부록

대화①	대화②	추가 단어	유용한 표현	Inside 러시아
의문 대명사 что와 кто를 활용하여 묻고 답하기	의문사가 없는 의문문을 활용하여 묻고 답하기	국가명	만날 때와 헤어질 때 인사 표현	러시아라는 나라는?
소유 대명사 활용하여 말하기	안부 묻고 대답하기	직업	안부 묻고 답하는 표현, 처음 만나서 하는 인사 표현	우리도 아는 러시아어!
명사 수식하는 형용사 이용하기	이름 묻고 대답하기	국적 형용사와 국적 명사	소개 표현	러시아에서의 일상
동사의 1식 변화 활용하여 말하기	소유의 표현을 활용하여 말하기	기타 1식 동사	감사와 미안함의 표현	재미있는 러시아 이름
~나라 말 가능 여부 묻고 답하기	люби́ть 동사 활용하여 묻고 답하기	형용사에서 파생되어 -о로 끝나는 다양한 부사들	일상에서 많이 쓰는 기원과 축하 표현	왜 러시아를 '쏘련'이라고 부르는 사람들이 많아요?
동사의 과거 시제 활용하여 말하기	хоте́ть 동사를 활용하여 말하기	운동 경기를 하다: игра́ть в + 경기 이름	감탄의 표현	바다코끼리들(моржи)의 겨울
장소 전치사를 활용하여 위치 말하기	동사의 미래 시제를 활용하여 말하기	장소를 나타낼 때 전치사 в / на와 함께 결합되는 명사들	허락, 가능, 금지의 표현	봄을 맞이하는 축제 '마슬레니차'
жить 동사 활용하여 말하기	мочь 동사 활용하여 말하기	전치격과 조격을 이용한 다양한 장소 표현	가르쳐 달라는 요청의 표현	러시아하면 떠오르는 상징, 마트료시카 матрёшка와 다차 дача
나이 묻고 답하기	нра́виться를 활용하여 말하기	시간 표현	시간 묻고 답하는 표현	리듬 체조 강국 러시아
명사의 여격 활용하여 말하기	동작 동사를 활용하여 말하기	가족 관계	기분과 상태 표현	러시아의 주요 기념일
동사의 명령형 활용하여 말하기	가격 묻고 답하기	쇼핑할 곳, 쇼핑할 것	쇼핑할 때 쓸 수 있는 유용한 표현들	러시아의 도시들
가족 관계 묻고 답하기	수에 대해 묻고 답하기	날짜 표현	날씨를 표현하는 방법	러시아의 아름다운 건축물
동작 동사 활용하여 묻고 답하기	길 묻고 답하기	빈도를 나타내는 다양한 표현	전화 걸고 받기	러시아와 러시아인의 뿌리
동사의 불완료상과 완료상 활용하여 말하기	시간 표현 활용하여 말하기	불완료상/완료상 동사	초대하기	러시아어
첫 인사 나누고 서로 소개하기	형용사의 전치격 활용하여 말하기	교통수단 및 이동 관련 단어	길 묻기	차이코프스키와 러시아 음악
계획 말하기	장래 희망과 취미 말하기	외모와 성격을 표현하는 형용사	취미 묻기	러시아의 크리스마스는 1월 7일!
상태와 동작을 나타내는 동사를 활용하여 말하기 ①	여격을 활용하여 말하기	기념일과 명절	식사 예절 표현	바냐 ба́ня와 베닉 ве́ник
증상·상태 묻고 답하기	영화에 대해 묻고 답하기	신체	건강 관련 표현	러시아 음식
상태와 동작을 나타내는 동사를 활용하여 말하기 ②	옷 고르기	의복, 색깔	쇼핑하기	19세기를 대표하는 러시아 작가들
행선지 묻고 답하기	식당에서 주문하기	식사	식당에서	러시아의 대표 시인, 푸시킨

보미 Боми

러시아에서
유학 중인 한국인
대학생

도현 Дохён

러시아에서
유학 중인
한국인 대학생

알렉 Олег

보미의 친구인
러시아 대학생으로
독서를 좋아함.

타냐 Таня

알렉의 동생
러시아 중학생으로
오빠의 한국인 친구들과
어울리기를 좋아함.

안나 이바노브나

Анна Ивановна

보미와 도현의
선생님이자 알렉과
타냐의 엄마

톰 Том

러시아에서
유학 중인
미국인 대학생

링링 Линлин

러시아에서
유학 중인
중국인 대학생
어울리기를 좋아함.

보리스 페트로비치

Борис Петрович

알렉과 타냐의 아빠.
직업은 의사

이제
러시아어를
배워 볼까요?

동영상 강의

예비과 ①

예비과 ②

알파벳

러시아어 알파벳은 총 33개로 이루어져 있습니다. 이 중 31개는 음가를 가지는 철자이고 나머지 2개는 음가 없이 특정 기능만을 가지는 부호입니다. 알파벳의 28번째(ъ)와 30번째(ь)가 이 부호에 해당됩니다. 음가를 가지고 있는 31개의 철자 중 자음은 21개, 모음은 10개입니다.

001

인쇄체	필기체	명칭	라틴어 음가	한국어 음가
А а	*А а*	아	a	ㅏ
Б б	*Б б*	베	b	ㅂ
В в	*В в*	붸	v	ㅂ
Г г	*Г г*	게	g	ㄱ
Д д	*Д д*	데	d	ㄷ
Е е	*Е е*	예	ye	ㅖ
Ё ё	*Ё ё*	요	yo	ㅛ
Ж ж	*Ж ж*	줴	zh	쥐
З з	*З з*	제	z	ㅈ
И и	*И и*	이	i	ㅣ
Й й	*Й й*	이 끄라뜨꼬예	y	ㅣ
К к	*К к*	까	k	ㄲ
Л л	*Л л*	엘	l	ㄹ
М м	*М м*	엠	m	ㅁ
Н н	*Н н*	엔	n	ㄴ

인쇄체		필기체		명칭	라틴어 음가	한국어 음가
О	о	*O*	*o*	오	o	ㅗ
П	п	*П*	*п*	뻬	p	ㅃ
Р	р	*Р*	*р*	에르	r	ㄹ
С	с	*C*	*c*	에쓰	s	ㅆ
Т	т	*Т*	*т*	떼	t	ㄸ
У	у	*У*	*у*	우	u	ㅜ
Ф	ф	*Ф*	*ф*	에프	f	ㅍ
Х	х	*X*	*x*	하	kh	ㅎ
Ц	ц	*Ц*	*ц*	쩨	ts	ㅉ
Ч	ч	*Ч*	*ч*	체	ch	ㅊ
Ш	ш	*Ш*	*ш*	샤	sh	쉬
Щ	щ	*Щ*	*щ*	시챠	shch	쉬:
Ъ	ъ		*ъ*	<u>뜨뵤르드이 즈낙</u>		
Ы	ы	*Ы*	*ы*	의	y	ㅢ
Ь	ь		*ь*	먀흐끼 즈낙		
Э	э	*Э*	*э*	에	e	ㅔ
Ю	ю	*Ю*	*ю*	유	yu	ㅠ
Я	я	*Я*	*я*	야	ya	ㅑ

① 자음

총 21개의 자음은 성대 떨림의 유무에 따라 유성 자음과 무성 자음으로 분류됩니다. 아래 표에 짙은 색으로 표시된 자음들의 경우처럼 유성 자음과 무성 자음이 쌍을 이루는 경우도 있고, 그렇지 않은 경우도 있습니다.

유성 자음	б	в	г		д	з		ж				л	м	н	р	й
무성 자음	п	ф	к	х	т	с	щ	ш	ч	ц						

발음 규칙에 따라 가끔 유성음이 무성음처럼, 반대로 무성음이 유성음처럼 소리 나는 경우가 있습니다. 이 발음 규칙에 대해서는 발음 규칙 부분에서 자세히 살펴보겠습니다.

자음은 또 소리 나는 위치에 따라 두 입술소리, 이-입술소리, 잇소리, 잇몸소리, 센입천장소리, 여린입천장소리 등 여섯 가지로 분류됩니다.

(1) 두 입술소리

두 입술로 공기의 흐름을 막았다가 열면서 소리를 냅니다.

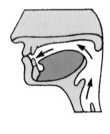

철자	명칭	음가	예
Б б	베	ㅂ	**ба́**бушка 바부슈까 할머니 **ба́**ня 바냐 목욕탕　　**бо**рщ 보르쉬 보르쉬
М м	엠	ㅁ	**ма́**ма 마마 엄마　　**май** 마이 5월 **мо́**да 모다 유행
П п	베	ㅃ	**па**рк 빠르크 공원　　**па́**па 빠빠 아빠 **по**рт 뽀르뜨 항구

(2) 이-입술소리

아랫입술을 윗니에 댔다가 떼면서 소리를 냅니다.

철자	명칭	음가	예
В в	붸	ㅂ	**ва́**за 바자 꽃병　　**ва́**нна 반나 욕조 **во**лк 볼크 늑대
Ф ф	에프	ㅍ	**фа**кт 팍뜨 사실　　**фа́**за 파자 단계 **фо**н 폰 배경

(3) 잇소리

혀끝을 윗니 안쪽에 댔다가 떼면서 소리를 냅니다.

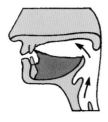

철자	명칭	음가	예	
Д д	데	ㄷ	**да** 다 네 **дом** 돔 집	**да́ча** 다차 별장
З з	제	ㅈ	**зал** 잘 강당 **зо́на** 조나 지대	**замо́к** 자모크 자물쇠
Л л	엘	ㄹ	**ла́мпа** 람빠 램프 **ло́дка** 로뜨까 배	**ла́ва** 라바 용암
Н н	엔	ㄴ	**над** 나뜨 위에 **но́та** 노따 악보	**ночь** 노치 밤
С с	에쓰	ㅆ	**Са́ша** 싸샤 싸샤(이름) **суп** 쑤쁘 수프	**сон** 쏜 꿈
Т т	떼	ㄸ	**так** 딱 그렇게 **тот** 또뜨 그, 저	**там** 땀 저기

(4) 잇몸소리

혀끝을 윗잇몸에 대고 소리를 냅니다.

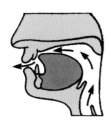

철자	명칭	음가	예	
Ж ж	줴	ㅈ	**жар** 좌르 열기 **журна́л** 주르날 잡지	**жаль** 잘 아쉽다
Р р	에르	ㄹ	**рад** 라뜨 기쁜 **рай** 라이 천국	**рак** 라크 새우
Ц ц	쩨	ㅉ	**царь** 짜르 황제 **цирк** 찌르크 서커스	**цвет** 쯔볫 색
Ш ш	샤	쉬	**шар** 샤르 구 **шко́ла** 슈꼴라 학교	**шум** 슘 소음

참고

ж, ц, ш는 항상 경자음입니다.

(5) 센입천장소리

허 앞부분을 센입천장에 대었다가 떼면서 소리를 냅니다.

철자	명칭	음가	예	
Й й	이 끄라뜨꼬예	ㅣ	**мой** 모이 나의 **геро́й** 기로이 영웅	**сайт** 싸이뜨 사이트
Ч ч	체	ㅊ	**чай** 차이 차 **чёрт** 쵸르뜨 악마	**час** 차쓰 시간
Щ щ	시챠	쉬:	**щёлк** 숄크 지저귐 **щека́** 쉬까 뺨	**щи** 시 야채수프

> **참고**
> й, ч, щ는 항상 연자음입니다.

(6) 여린입천장소리

혀의 뿌리 부분을 여린입천장에 대었다가 떼면서 소리를 냅니다.

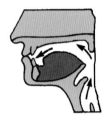

철자	명칭	음가	예	
Г г	게	ㄱ	**газе́та** 가제따 신문 **го́род** 고럿 도시	**го́лос** 골러쓰 목소리
К к	까	ㄲ	**как** 깍 어떻 **кот** 꼬뜨 고양이	**край** 끄라이 가장자리
Х х	하	ㅎ	**хор** 호르 합창 **хо́лодно** 홀러드너 춥다	**хлеб** 흘례쁘 빵

자음에는 경자음과 연자음이 있습니다. 경자음은 구개음화가 일어나지 않은 보통 자음이고, 연자음은 혀를 센입천장 쪽으로 바짝 올리면서 소리를 내는 자음입니다. 모음 철자 я, ё, ю, е, и와 연음 부호 ь 앞에 오는 자음들은 모두 연자음으로, 그리고 모음 철자 а, о, у, э, ы 앞의 자음들은 경자음으로 발음됩니다.

❷ 모음

총 10개의 모음은 크게 두 가지로 분류됩니다. 앞에 있는 자음이 경음임을 나타내는 경자음 표시 모음과 앞에 있는 자음이 연음임을 나타내는 연자음 표시 모음이 있습니다.

003

경자음 표시 모음	а	о	у	э	ы
연자음 표시 모음	я (й + а)	ё (й + о)	ю (й + у)	е (й + э)	и

경자음 표시 모음과 연자음 표시 모음은 표에 나타난 것처럼 발음에 있어서 유사점이 있어서 위아래 짝을 지을 수 있습니다. ы – и 경우를 제외하고 경자음 표시 모음에 앞에 '이'소리를 결합시키면 연자음 표시 모음의 발음과 같아집니다.

(1) 경자음 표시 모음

철자	명칭	음가	예		
А а	아	ㅏ	а́кт 악뜨 행위	ва́та 바따 솜	пар 빠르 증기
О о	오	ㅗ	о́тдых 오띄흐 휴가	зонт 존뜨 우산	ко́мната 꼼나따 방
У у	우	ㅜ	ум 움 지성	фунт 푼뜨 파운드	пункт 뿡크뜨 지점
Э э	에	ㅔ	э́то 에떠 이, 이것	э́ра 에라 시대	ТЭС 떼쓰 화력 발전소
Ы ы	의	ㅢ	пыль 쁼 먼지	сын 씐 아들	тыл 띨 후방

(2) 연자음 표시 모음

철자	명칭	음가	예		
Я я	야	ㅑ	я́блоко 야블러꺼 사과	дя́дя 쟈쟈 삼촌	пе́сня 뻬쓰냐 노래
Ё ё	요	ㅛ	ёлка 욜까 트리	мёд 묘뜨 꿀	тётя 쪼쨔 고모, 이모
Ю ю	유	ㅠ	юг 유크 남쪽	бюро́ 뷰로 부, 국	ключ 끌류취 열쇠
Е е	예	ㅖ	е́сли 예슬리 만약	день 졘 날	вес 볘쓰 무게
И и	이	ㅣ	из 이쓰 ~(으)로부터	вид 비뜨 모양	рис 리쓰 쌀

❸ 부호

음가를 가지지 않고 발음할 때 특정 기능만을 수행하는 부호입니다.

(1) 경음 부호 ъ: 단어 중간에 위치하면서 앞의 자음과 뒤의 모음을 분리하여 발음하게 합니다.

подъём 빠드욤 현관　　　**съезд** 쓰예즈드 집회　　　**объе́кт** 아브옉뜨 대상

(2) 연음 부호 ь: 앞에 있는 자음이 연자음임을 나타내 줍니다.

мать 마쯔 어머니　　　**слова́рь** 슬라바리 사전　　　**то́лько** 똘꺼 오직

발음 규칙

❶ 자음의 발음 규칙

(1) 단어의 끝에 위치한 유성 자음: 그 유성 자음과 쌍을 이루는 무성 자음으로 발음됩니다.

б → [п] хлеб 흘례쁘, клуб 끌루쁘　　　　**в → [ф]** переры́в 삐리리프, Ки́ев 끼예프

г → [к] снег 스녜크, друг 드루크　　　　**д → [т]** сад 싸뜨, заво́д 자보뜨

ж → [ш] муж 무슈, нож 노슈　　　　　**з → [с]** раз 라쓰, сою́з 싸유쓰

(2) 두 개의 자음이 연이어 나올 때: 뒤에 있는 자음이 앞에 있는 자음에 영향을 주어 자신과 같은 성질로 동화시킵니다.

뒤의 자음이 무성 자음일 때: 앞의 유성 자음이 무성음처럼 발음	авто́бус 아프또부쓰 [ф]	ла́вка 라프까 [ф]		
	во́дка 보뜨까 [т]	ло́дка 로뜨까 [т]		
	ска́зка 쓰까쓰까 [с]	ре́зка 례쓰까 [с]		
뒤의 자음이 유성 자음일 때: 앞의 무성 자음이 유성음처럼 발음	футбо́л 푸드볼 [д]	вокза́л 바그잘 [г]	экза́мен 에그자몐 [г]	сбор 즈보르 [з]

(3) 구개음화

я, ё, ю, е, и 등 연자음 표시 모음과 연음 부호 ь 앞에 있는 д와 т는 연음화되면서 [з]와 [ц], 즉, [ㅈ]와 [ㅉ]에 가깝게 소리 납니다.

дя́дя 쟈쟈	**де́ло** 젤러	**оте́ц** 아쪠쯔	**тигр** 찌그르
[ㅈ]	[ㅈ]	[ㅉ]	[ㅉ]

❷ 모음의 발음 규칙

모음을 발음할 때 가장 중요한 역할을 하는 것이 강세입니다. 강세가 있는 모음은 원래의 음가가 그대로 유지되면서 또렷하고 길고 강하게 발음되지만 강세가 없는 모음은 약하고 짧게 발음되거나 다른 음가로 바뀌기도 합니다. 강세가 영어의 경우처럼 음의 고저를 나타내지는 않습니다.

006

참고
• 모음 ё는 항상 강세를 가지고 있습니다.
• 두 음절 이상의 단어에는 강세가 하나씩 있고, 강세의 위치에 따라 같은 철자의 단어가 다른 의미를 가지기도 합니다.

(1) 강세가 있는 모음: 또렷하고 길고 강하게

а	а́вгуст 아브구스뜨	я	я́хта 야흐따
о	о́сень 오씬	ё	съёмка 쓰욤까
у	у́тро 우뜨러	ю	ю́бка 유쁘까
э	э́то 에떠	е	де́ло 젤러
ы	сы́тый 씌띄	и	пи́ща 삐샤

(2) 강세가 없는 모음

у ю э ы и: 원래의 음가를 약하고 짧게	у		автобу́с 아프또부쓰	
	ю		сюда́ 쓔다	
	э		экра́н 에끄란	
	ы		сыро́й 씌로이	
	и		иску́сство 이스꾸스뜨버	
а와 о	강세가 있는 모음 바로 앞에서는 'ㅏ'처럼		рабо́та 라보따	пого́да 빠고다
	그 밖의 자리에서는 'ㅓ'처럼		па́па 빠빠	почему́ 빠취무
е와 я	대부분의 자리에서는 'ㅣ'처럼		весна́ 비스나	язы́к 이직
	단어 맨 끝에서는 원래의 음가를 약하고 짧게		мо́ре 모레	и́мя 이먀

1 평서문

중요한 정보를 담은 단어의 강세 부분에서 억양이 내려갑니다.

Э́то ма́ма. 이분은 엄마입니다.
에떠　　마마.

Анто́н до́ма. 안똔은 집에 있습니다.
안똔　　　도마.

2 의문사가 있는 의문문

의문사의 강세 부분에서 억양이 내려갑니다.

Кто э́то? 이 사람은 누구입니까?
크또　　에떠?

Где ты? 너는 어디에 있니?
그제　　띄?

3 의문사가 없는 의문문

묻고자 하는 단어의 강세 부분에서 억양이 올라갔다가 내려갑니다.

Вы студе́нт? 당신은 대학생입니까?
븨　　스뚜젠뜨?

Э́то шко́ла? 이것은 학교입니까?
에떠　　슈꼴라?

4 접속사 a 로 시작되는 부가 의문문

묻고자 하는 단어의 강세 부분에서 억양이 내려갔다가 올라갑니다

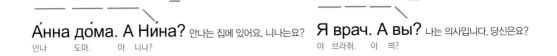

А́нна до́ма. А Ни́на? 안나는 집에 있어요. 니나는요?
안나　　도마.　　아　니나?

Я врач. А вы? 나는 의사입니다. 당신은요?
야 브라취.　아　븨?

5 감탄문

첫 단어의 강세 부분에서 억양이 올라갔다가 마지막 단어 강세 부분에서 내려갑니다.

Кака́я хоро́шая пого́да! 날씨가 정말 좋구나!
까까야　　하로샤야　　빠고다!

> **참고**
>
> **러시아어 정자법 규칙**
>
> - г, к, х, ж, ч, ш, щ 뒤에는 ы, я, ю 대신 и, а, у를 씁니다.
> - ц 뒤에는 я, ю 대신 а, у를 씁니다.
> - г, к, х, ц 뒤에는 ё와 ь를 쓰지 않습니다.

Э́то ру́чка.

동영상 강의

- 지시 대명사 **э́то**

- 인칭 대명사 주격

- 의문 대명사 **что**와 **кто**

- 명사의 성

- 의문사가 없는 의문문

Что э́то?
슈또 에떠?
이것은 무엇입니까?

Э́то ру́чка.
에떠 루치까.
이것은 펜입니다.

● 지시 대명사 э́то

'이것', '이 사람'이라는 의미를 가지며 사람과 사물을 지칭할 때 사용합니다.

Э́то Росси́я. 이것은 러시아이다.
에떠 라씨야.

Э́то Ива́н. 이 사람은 이반이다.
에떠 이반.

> **주의**
> 러시아어에서 '~이다', '~있다'에 해당하는 동사는 **быть**비쯔가 있지만 현재 시제에서는 거의 쓰이지 않습니다. 따라서, 예문처럼 지시 대명사 э́то 다음에 바로 지시 대상인 단어가 위치합니다.

● 인칭 대명사 주격

	단수	복수
1인칭	Я 나는 야	МЫ 우리는 의
2인칭	ТЫ 너는 띠	ВЫ 당신은, 너희들은 븨
3인칭	ОН, ОНО́ 그는, 그것은 / ОНА́ 그녀는 온 아노 아나	ОНИ́ 그들은 아니

2인칭 대명사 **ТЫ**의 경우 친구 사이나 부부, 형제, 부모와 자식 등 친근한 관계에서 사용될 수 있습니다. **ВЫ**는 격식을 갖추어서 '당신'이라는 의미로 사용되거나, 2인칭 복수 즉, '너희들'의 의미로 사용됩니다.

● 의문 대명사 что와 кто

что는 사물 즉, 비활동체 명사를 지칭하고, '무엇'이라는 의미를 가집니다. **кто**는 사람이나 동물 등 활동체 명사를 지칭하며 '누구'라는 뜻을 나타냅니다.

> **주의**
> что는 '츄또'가 아닌 '슈또'로 발음됩니다.

что: 사물, 비활동체를 물을 때	кто: 사람, 활동체를 물을 때
A **Что э́то?** 이것은 무엇입니까? 슈또 에떠?	A **Кто э́то?** 이 사람은 누구입니까? 크또 에떠?
B **Э́то дом.** 이것은 집입니다. 에떠 돔. **Э́то Росси́я.** 이것은 러시아입니다. 에떠 라씨야.	B **Э́то А́нна.** 이 사람은 안나입니다. 에떠 안나. **Э́то Ива́н.** 이 사람은 이반입니다. 에떠 이반.

Э́то стол?
에떠   스똘?
이것은 책상입니까?

Э́то стол.
에떠   스똘.
이것은 책상입니다.

● 명사의 성

러시아어의 명사는 남성, 여성, 중성이 있으며 각각의 명사들은 마지막 철자에 따라 구분됩니다. 자음으로 끝나면 남성, **-а**, **-я**로 끝나면 여성, **-о**, **-е**로 끝나면 중성 명사입니다.

남성: 자음으로 끝나는 명사	여성: **-а, -я**로 끝나는 명사	중성: **-о, -е**로 끝나는 명사
дом 집 돔	**ко́мната** 방 꼼나따	**окно́** 창문 아끄노
стул 의자 스뚤	**сестра́** 누이 씨스뜨라	**письмо́** 편지 삐스모
стол 책상 스똘　　**참고** 　　*й는 모음처럼	**ру́чка** 펜 루치까	**пальто́** 외투 빨또
брат 형제 브랏	**кни́га** 책 끄니가	**сло́во** 단어 슬로버
музе́й*박물관 무제이	**неде́ля** 주 니젤랴	**зда́ние** 건물 즈다니예

참고
*й는 모음처럼 느껴지지만 자음입니다. 반자음이라고 합니다.

-ь로 끝나는 명사의 경우, 남성인 경우와 여성인 경우가 있으므로 각각의 경우에 맞게 암기해야 합니다.

주의
-а, -я로 끝나는 명사지만 남성 명사인 경우도 있습니다. 실제의 성을 따르기 때문입니다.
па́па 빠빠   아빠
де́душка 제두쉬까   할아버지
дя́дя 쟈쟈   삼촌

слова́рь 사전 (남)
슬라바리

тетра́дь 공책 (여)
찌뜨라쯔

гость 손님 (남)
고스쯔

пло́щадь 광장 (여)
쁠로쉬쯔

● 의문사가 없는 의문문

의문사가 없는 의문문 즉, '예/아니요' 형태의 대답을 요구하는 의문문은 평서문과 어순은 같으나 억양이 달라집니다. 의문문의 경우 묻고자 하는 부분의 억양을 올리면 됩니다.

Э́то ру́чка.
에떠   루치까.

이것은 펜입니다.　**평서문**

Э́то ру́чка?
에떠   루치까?

이것은 펜입니까?　**의문문**

Привéт!

Привéт!

Боми	**Привéт, Олéг!** 쁘리벳, 알렉!	
Олег	**Привéт, Боми!** 쁘리벳, 보미!	
Боми	**Что э́то?** 슈또 에떠?	
Олег	**Э́то дом.** 에떠 돔.	
Боми	**А что э́то?** 아 슈또 에떠?	
Олег	**Э́то у́лица.** 에떠 울리짜.	
Боми	**Спаси́бо, Олéг!** 스빠씨버, 알렉!	
Олег	**Пожа́луйста.** 빠좔스따.	

보미	안녕, 알렉!
알렉	안녕, 보미!
보미	이것은 무엇이니?
알렉	이것은 집이야.
보미	그러면 이것은 무엇이니?
알렉	이것은 길이야.
보미	고마워, 알렉!
알렉	천만에

대화 TIP

• 접속사 **а**는 화제의 전환이나 앞선 부분과의 가벼운 대조, 대비를 나타낼 때 사용됩니다.

　Он студéнт, а ты? 그는 대학생인데 너는 (직업이 무엇이니)?

참고
студéнт 대학생

새 단어 및 표현

Привéт. 안녕.
дом 집
а 그러면
у́лица 길, 거리
Спаси́бо. 고마워.
Пожа́луйста. 천만에.

Э́то Росси́я?

Да, э́то Росси́я.

Дохён	**Здра́вствуй, Та́ня!**
	즈드라스뜨부이, 따냐!

Та́ня	**Здра́вствуй, Дохён!**
	즈드라스뜨부이, 도현!

Дохён	**Э́то Росси́я?**
	에떠 라씨야?

Та́ня	**Да, э́то Росси́я.**
	다, 에떠 라씨야.

Дохён	**Э́то Москва́?**
	에떠 마스끄바?

Та́ня	**Нет, э́то не Москва́. Э́то Санкт-Петербу́рг.**
	넷, 에떠 니 마스끄바. 에떠 쌍뜨 삐쩌르부르크.

도현	안녕, 타냐!
타냐	안녕, 도현!
도현	이것이 러시아니?
타냐	응, 이것은 러시아야.
도현	이것은 모스크바니?
타냐	아니, 이것은 모스크바가 아니야. 이것은 상트-페테르부르크야.

대화 TIP

- При́вет은 친한 친구들 사이에 가볍게 건네는 인사입니다. Здра́вствуй는 동년배의 친구들, 지인들 사이에 할 수 있는 인사말로 При́вет과 용법상으로 큰 차이는 없습니다. 하지만 Здра́вствуй에 те를 붙여서 Здра́вствуйте라고 하면 격식을 갖춘 '안녕하세요'라는 인사말이 됩니다.

- 긍정의 대답에는 да, 부정의 대답에는 нет을 사용합니다. 부정으로 대답할 때는 부정하는 대상 앞에 не를 넣어 '~이/가 아니다'라고 표현합니다.

  A **Э́то дом?** 이것은 집입니까?
  B **Да, э́то дом.** 네, 이것은 집입니다.
  Нет, э́то не дом. 아니요, 이것은 집이 아닙니다.

새 단어 및 표현

Здра́вствуй(-те). 안녕(하세요).
Росси́я 러시아
Да. 응. 네.
Москва́ 모스크바
Нет 아니(요).
Санкт-Петербу́рг
상트-페테르부르크

● 역점이 없는 모음은 원래의 음가를 상실하거나 약화됩니다. 특히 역점이 있는 모음 앞에 오는 o는 '오'가 아닌 '아'처럼 발음됩니다.

Оле́г 알렉
알렉

она́ 그녀는
아나

Москва́ 모스크바
마스끄바

국가명

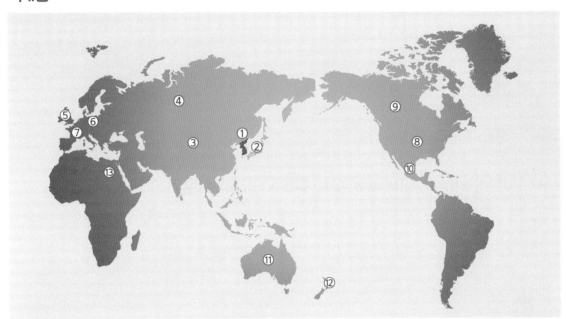

① **Коре́я** 한국
② **Япо́ния** 일본
③ **Кита́й** 중국
④ **Росси́я** 러시아
⑤ **А́нглия** 영국

⑥ **Герма́ния** 독일
⑦ **Фра́нция** 프랑스
⑧ **США** 미국
⑨ **Кана́да** 캐나다
⑩ **Ме́ксика** 멕시코

⑪ **Австра́лия** 호주
⑫ **Но́вая Зела́ндия** 뉴질랜드
⑬ **Еги́пет** 이집트

만날 때와 헤어질 때 인사 표현

아침

Дóброе ýтро.

도브러예   우뜨러!

Дóброе ýтро.

도브러예   우뜨러!

A 안녕하세요.
B 안녕하세요.

오후

Дóбрый день.

도브르이   젠!

Дóбрый день.

도브르이   젠!

A 안녕하세요.
B 안녕하세요.

저녁

Дóбрый вéчер.

도브르이   베체르!

Дóбрый вéчер.

도브르이   베체르!

A 안녕하세요.
B 안녕하세요.

헤어질 때

До свидáния.

다   스비다니야!

До встрéчи.

다   프스뜨례취!

A 안녕히 가세요!
B 잘 가요!

참고
격의 없는 사이에서는 헤어질 때 пока!를
쓸 수 있습니다.

A Пока! 잘 가.
B Пока! 안녕!

문법

1 그림을 보고 다음 물음에 맞게 답하세요.

(1)
A Что это?
B Это _____
_____.

(2)
A Что это?
B Это _____
_____.

(3)
A Что это?
B Это _____
_____.

(4)
A Что это?
B Это _____

2 그림과 인칭 대명사를 알맞게 연결해 보세요.

(1) (2) (3) (4)

•　　　　　•　　　　　•　　　　　•

① я　　　② мы　　　③ она　　　④ ты

3 다음 명사들을 성에 따라 알맞은 칸에 배치해 보세요.

отец	мать	брат	сестра
бабушка	дедушка	ручка	карандаш
книга	письмо	доска	окностудент
пальто	здание		

♂ (남성)	♀ (여성)	⚥ (중성)

듣기 ● 녹음을 듣고 질문에 답하세요.

(1) 누구에 대해 이야기하고 있습니까?

① 알렉　　　② 이반　　　③ 노리　　　④ 도현

(2) 대화에 등장하는 나라는 어느 나라 입니까?

① 한국　　　② 독일　　　③ 러시아　　　④ 이집트

(3) 대화에서 말하는 '이것'은 무엇입니까?

① 책상　　　② 의자　　　③ 펜　　　④ 책

읽기 ● 다음 대화를 잘 읽고 질문에 대답하세요.

Том　Добрый день, Олег!

Олег　Добрый день, Том! Что это?

Том　Это карта.

Олег　Это Корея?

Том　Да, это Корея.

Олег　Это Сеул?

Том　Нет, это не Сеул, а Пусан.

(1) 톰과 알렉은 무엇을 보고 있습니까?

① 그림　　　② 지도　　　③ 창문　　　④ 공책

(2) 어느 나라에 대해 이야기하고 있습니까?

① 러시아　　　② 한국　　　③ 일본　　　④ 프랑스

★ карта 지도 | Сеул 서울 | Пусан 부산

러시아라는 나라는?

러시아는 유럽 대륙 동쪽에서 아시아 대륙 동쪽의 극동 지방에 이르기까지 광활한 영토를 가지고 있습니다. 북쪽으로는 북극해, 동쪽으로는 태평양과 마주하고 있으며, 남쪽으로는 중국, 북한, 몽골, 카자흐스탄, 아제르바이잔, 그루지아, 서쪽으로는 우크라이나, 벨라루스, 라트비아, 에스토니아, 핀란드 등과 국경을 접하고 있습니다. 세계에서 가장 큰 나라인 러시아의 국토 면적은 한반도의 78배에 달하는 1,708만㎢로 지구 총 육지 면적의 7분의 1을 차지할 정도로 넓습니다.

우랄 산맥을 기준으로 서쪽은 유럽, 동쪽은 아시아에 속하며, 최대 시차가 11시간이나 됩니다. 면적이 넓은 만큼 기후도 다양한데, 전반적으로 겨울은 길고 추우며 여름은 짧고 서늘한 대륙성 기후를 보입니다. 수도 모스크바의 1월 평균 기온은 영하 11도, 7월 평균 기온은 영상 19도에 달하는 반면, 시베리아의 대표 도시 베르호얀스크의 겨울 최저 기온이 영하 67도를 기록하기도 했습니다. 방대한 영토에 매장된 지하자원도 풍부해서 천연가스, 석탄, 석유 등의 매장량은 각각 세계 1위, 2위, 8위를 기록하고 있으며, 풍부한 자원은 러시아 경제 성장을 떠받치는 중요한 버팀목이 되고 있습니다.

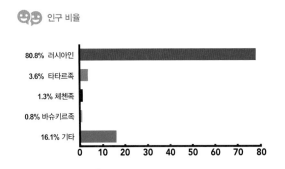

😃😃 인구 비율

- 80.8% 러시아인
- 3.6% 타타르족
- 1.3% 체첸족
- 0.8% 바슈키르족
- 16.1% 기타

인구는 약 1억 4천만 명이고, 그 중 약 81%가 러시아인, 나머지는 타타르족, 체첸족 및 여러 소수 민족입니다. 다양한 민족으로 구성되어 있는 러시아의 공식 명칭은 러시아 연방(Russian Federation)이며, 공화국, 주, 자치구, 특별시 등 85개의 연방 주체로 구성되어 있습니다. 소수 민족들이 가지고 있는 고유의 언어, 관습 등을 인정하고, 이들이 속한 자치 공화국에 의회, 헌법 구성 등의 권한을 부여함으로써 다민족 국가의 융화를 도모하고 있습니다.

Э́то мой дом.

동영상 강의

- 의문 대명사 **чей**
- 소유 대명사
- 안부 묻고 대답하기
- 장소의 표현

Чей э́то дом?
쉐이 에떠 돔?
이것은 누구의 집입니까?

Э́то **мой** дом.
에떠 모이 돔.
이것은 나의 집입니다.

● 의문 대명사 **чей**

의문 대명사 **чей**를 이용해서 특정 대상을 소유한 사람이 누구인지를 묻는 의문문을 만듭니다. **чей**는 대상의 성과 수에 따라 변합니다.

Чей э́то каранда́ш? 이것은 누구의 연필입니까? (남성)
쉐이   에떠   까란다쉬?

Чья э́то кни́га? 이것은 누구의 책입니까? (여성)
취야   에떠   끄니가?

Чьё э́то пальто́? 이것은 누구의 외투입니까? (중성)
취요   에떠   빨또?

● 소유 대명사

소유의 의미를 나타내는 소유 대명사 역시 대상의 성과 수에 따라 형태가 달라집니다. 단, 3인칭의 경우는 수식하는 명사의 성, 수에 따라 형태가 변화하지 않고 하나의 형태로 쓰입니다.

	단수			복수		
	남성	여성	중성	남성	여성	중성
1인칭	мой 나의 모이	моя́ 나의 마야	моё 나의 마요	наш 우리의 나슈	на́ша 우리의 나샤	на́ше 우리의 나쉐
2인칭	твой 너의 뜨보이	твоя́ 너의 뜨바야	твоё 너의 뜨바요	ваш 당신(너희)의 바슈	ва́ша 당신(너희)의 바샤	ва́ше 당신(너희)의 바쉐
3인칭	его́ 그의 / её 그녀의 이보 이요			их 그들의 이흐		

Э́то **мой** дом. 이것은 나의 집이야.
에떠   모이   돔.

Э́то **моя́** кни́га. 이것은 나의 책이야.
에떠   마야   끄니가.

주의
его́는 '이고'가 아니라 '이보'로 발음됩니다. '오늘'을 뜻하는 сего́дня라는 단어도 г 소리가 [ㅂ]로 소리나서 '씨보드냐'로 발음되는 것에 주의합니다.

Как дела?
깍 　 질라?
어떻게 지내요?

Хорошо́.
하라쇼.
　 잘 지내요.

● 안부 묻고 답하기

'어떻게'라는 뜻의 의문사 **как**깍을 이용해 안부를 묻는 인사말을 만들 수 있습니다.

A **Как дела́?** 어떻게 지내요?
　 깍 　 질라?

B **Хорошо́, спаси́бо.** 잘 지내요. 고마워요.
　 하라쇼, 　 스빠씨버.

дела́질라 앞에 소유 대명사 '너'와 '당신'의 복수형에 해당하는 **твои́**뜨바이와 **ва́ши**바쉬를 붙여 주면 상대방과 의 관계를 더 구체적으로 보여 줄 수 있습니다.

A **Как ва́ши дела́?** 당신은 어떻게 지내십니까?
　 깍 　 바쉬 　 질라?

B **Спаси́бо, норма́льно. А как ва́ши дела́?**
　 스빠씨버, 　 나르말너. 　 아 깍 바쉬 질라?
감사합니다. 잘 지냅니다. 당신은 어떻게 지내세요?

A **То́же норма́льно.** 저도 잘 지냅니다.
　 또줴 　 나르말너.

● 장소의 표현

장소를 나타내는 의문사 **где**그제 (어디)를 이용한 질문에 대해 다음과 같은 부사들을 이용해 간단히 대답할 수 있습니다.

до́ма 집에 도마	**здесь** 여기에 즈제쓰	**там** 저기에 땀
тут 여기에, 그곳에 뚜뜨	**спра́ва** 오른쪽에 스쁘라바	**сле́ва** 왼쪽에 슬례바

A **Где он?** 그는 어디 있습니까?
　 그제 온?

B **Он до́ма.** 그는 집에 있습니다.
　 온 도마.

A **Где шко́ла?** 학교는 어디에 있습니까?
　 그제 슈꼴라?

B **Она́ сле́ва.** 학교는 왼쪽에 있습니다.
　 아나 슬례바.

Кто э́то?

Это мой оте́ц.

Олег	Кто э́то?	알렉	이 사람은 누구니?
	크또 에떠?	보미	이 사람은 나의 아버지야.
Боми	Это мой оте́ц.	알렉	이 사람은 누구니?
	에떠 모이 아쩨쯔.	보미	이 사람은 나의 어머니야.
Олег	А э́то кто?	알렉	어머니는 무슨 일을 하시
	아 에떠 크또?		는데?
Боми	Это моя́ мать.	보미	어머니는 대학 강사로
	에떠 마야 마쯔.		일하셔.
Олег	Кто она́?		
	크또 아나?		
Боми	Она́ преподава́тель.		
	아나 쁘리빠다바쩰.		

대화 TIP

- кто 다음에 인칭 대명사가 오는 Кто она́? 같은 질문은 그 사람의 국적이나 직업을 물어볼 때 쓰일 수 있습니다.

  A **Кто он?** 그의 직업은 무엇입니까?
    크또 온?

  B **Он врач.** 그는 의사입니다.
    온 브라취.

- 직업을 나타내는 명사는 남성과 여성이 구분된 경우도 있고 공통으로 쓰이는 경우도 있습니다.

  A **Он студе́нт. / Она́ студе́нтка.** 그/그녀는 대학생입니다.
    온 스뚜졘뜨. 아나 스뚜졘뜨까.

  B **Он профе́ссор. / Она́ профе́ссор.** 그/그녀는 교수입니다.
    온 쁘라페써르. 아나 쁘라페써르.

참고
студе́нт 대학생
студе́нтка (여) 대학생

새 단어 및 표현

оте́ц 아버지
мать 어머니
Кто она́?
그녀의 직업(국적)은 무엇입니까?
преподава́тель
대학 강사, 선생님

Том, как твои дела?

Спаси́бо, отли́чно. А твои?

Боми	**До́брое у́тро, Том!** 도브러예 우뜨러, 똠!	
Том	**До́брое у́тро, Боми!** 도브러예 우뜨러, 보미!	
Боми	**Как твои́ дела́?** 깍 뜨바이 질라?	
Том	**Спаси́бо, отли́чно! А твои́?** 스빠씨버, 아뜰리추너! 아 뜨바이?	
Боми	**То́же отли́чно!** 또줴 아뜰리추너!	
Том	**А где твой дом?** 아 그졔 뜨보이 돔?	
Боми	**Он сле́ва.** 온 슬례바.	

보미 안녕, 톰. (아침 인사)

톰 안녕, 보미.

보미 어떻게 지내니?

톰 고마워, 아주 잘 지내. 너는?

보미 나도 아주 잘 지내.

톰 너의 집은 어디 있어?

보미 왼쪽에 있어.

 대화 **TIP**

Как твои́ (ва́ши) дела?라는 질문에 대해 답하고 나서 상대방의 안부를 다시 물을 때 상대방이 사용한 표현 Как твои́ (ва́ши) дела?를 그대로 사용할 수도 있지만, 반복되는 Как과 дела́를 생략해서 А твои́? 혹은 А ва́ши?라고 묻기도 합니다.

새 단어 및 표현

отли́чно 아주 좋게, 훌륭하게

Отли́чно. 아주 잘 지내.

то́же 역시

● 역점이 없이 어말에 오는 **-о**는 원래의 음가보다 약화되어 '어'처럼 발음합니다.

До́брое у́тро
도브러예   우뜨러

Спаси́бо
스빠씨버

Отли́чно
아뜰리추너

추가 **단어**
Дополнительная лексика
017

직업

журнали́ст
언론인

бизнесме́н
사업가, 비즈니스맨

певе́ц / певи́ца
가수

инжене́р
기술자, 엔지니어

учи́тель
선생님

врач
의사

худо́жник
화가

профе́ссор
교수

музыка́нт
음악가

по́вар
요리사

актёр / актри́са
배우

перево́дчик
통역사, 번역사

안부 묻고 답하는 표현

Как дела́?
깍 질라?

Отли́чно.
아뜰리추너.

A 어떻게 지내요?
B 아주 잘 지내요.

B의 기타 표현

Прекра́сно. 매우 좋아요.
쁘리끄라스너.

О́чень хорошо́. 아주 잘 지내요.
오친 하라쇼.

Как дела́?
깍 질라?

Хорошо́.
하라쇼.

A 어떻게 지내요?
B 잘 지내요.

B의 기타 표현

Норма́льно. 괜찮아요.
나르말너.

Всё в поря́дке. 잘 지내요.
프쇼 프 빠랴드꼐.

Ничего́. 잘 지내요.
니치보.

Как дела́?
깍 질라?

Пло́хо.
쁠로허.

A 어떻게 지내요?
B 잘 못 지내요.

처음 만나서 하는 인사 표현

О́чень прия́тно!
오친 쁘리야뜨너!

Рад вас ви́деть!
라드 바스 비제쯔!

A 반갑습니다.
B 만나서 반갑습니다.

B의 기타 표현

Рад познако́миться.
라드 빠즈나꼬밋짜.
알게 되어 반갑습니다.

주의

화자가 여성일 경우 рад에 -а를 붙여서 ра́да로 바꾸어 줍니다.

Ра́да вас ви́деть.
라다 바스 비제쯔.

Ра́да познако́миться.
라다 빠즈나꼬밋짜.

문법

1 다음 빈칸에 알맞은 단어를 찾아 연결하세요.

(1)

Это мой

_____.   •

• ① школа

(2)

Это твоё

_____.   •

• ② пальто

(3)

Это наша

_____.   •

• ③ отец

2 다음 질문에 대한 답을 그림에 맞게 넣어 보세요.

А   Кто он(она)?

(1)

(2)

(3)

В _____   В _____   В _____

3 주어진 단어들을 넣어 대화를 완성하세요.

дома   нормально   учитель

(1) А Как ваши дела?   (2) А Где он?

В _____.   В Он _____.

(3) А Кто она?

В Она _____.

40

● 녹음을 듣고 질문에 답하세요.

019

(1) 알렉과 대화를 나누는 사람은 누구인가요?

① 도현 ② 보미 ③ 톰 ④ 이반

(2) 보미는 어디에 있나요?

① 학교 ② 집 ③ 식당 ④ 도서관

● 다음 대화를 잘 읽고 질문에 대답하세요.

Боми	Привет, Дохён! Как твои дела?
Дохён	_____, хорошо. А твои?
Боми	Тоже хорошо. А кто это?
Дохён	Это мой дедушка.
Боми	Кто он?
Дохён	Он бизнесмен.

(1) 대화의 내용과 일치하는 것을 고르세요.

① 보미는 집에 있다.

② 도현은 학교에 있다.

③ 보미는 할머니의 안부를 묻는다.

④ 도현은 할아버지에 대해 이야기한다.

(2) 대화에 등장하는 사람의 직업은 무엇인가요?

① 엔지니어 ② 의사 ③ 사업가 ④ 교수

(3) 대화 속 빈 칸에 들어갈 표현으로 알맞은 것을 고르세요.

① плохо ② до свидания ③ спасибо ④ до встречи

우리도 아는 러시아어!

국가 간의 교류가 많아지면서 언어 또한 서로의 영향을 받아 흔적을 남겼습니다. 우리가 흔히 쓰는
말 중에는 러시아어 원래의 발음 그대로 사용되는 단어가 있습니다. 어떤 것이 있는지 알아보겠습니다.

보드카 водка

보드카는 '물'이라는 뜻의 러시아어 вода에서 비롯되었습니다. 러시아의 대표적인 전통 증류주 보드카는 15세기 경부터 러시아 사람들의 사랑을 받아왔습니다. 19세기 말, 우리에게 주기율표로 잘 알려진 러시아 화학자 멘델레예프가 물과 40%의 알코올이라는 이상적인 비율을 발견했는데, 이때부터 보드카는 과학적인 기술을 이용해 제조되기 시작하였습니다. 보드카 병에는 '지나친 음주는 건강에 해롭습니다'라는 문구가 있지만, 아직도 러시아 사람들 사이에서는 '조금씩 마시는 보드카는 얼마든지 마셔도 이롭다(Водка в небольших дозах полезна в любых количествах)'라는 생각이 더 강한 듯 보입니다.

트로이카 тройка

트로이카는 세 마리의 말이 끄는 마차입니다. 18세기 중엽, 한 우편배달부가 트로이카를 개발하였다고 합니다. 당시 러시아의 도로 사정은 '러시아에는 길과 바보라는 두 가지의 재난이 있다(В России две беды - дураки и дороги)'라는 유명한 속담이 있을 정도로 좋지 않았는데, 그 험한 길을 뚫고 배달을 하기 위해서는 가벼운 마차가 필요했습니다. 19세기까지 트로이카는 러시아에서 보편적인 운송 수단이었으며 겨울에는 썰매로 탈바꿈하여 사람들에게 많은 즐거움을 주었습니다.

스푸트니크 спутник

스푸트니크는 본래 '누구와 길을 같이 가는 사람', '동반자'라는 뜻입니다. 하지만 1957년 10월 4일 소련이 세계 최초로 인공위성 '스푸트니크 1호'를 발사하면서 이 단어는 '행성 주위를 도는 천체', 즉 '위성'이라는 의미로 쓰이기 시작하였습니다. 그리고 바로 이 뜻으로 전 세계 여러 언어 속에 자리를 잡게 되었습니다. 스푸트니크 1호 발사 성공은 당시 러시아가 보유한 기술 능력이 높이 평가되는 계기를 마련하였고, 세계 여러 국가가 앞다투어 우주 개발에 주력하는 우주 시대를 열었습니다.

RUSSIA포커스 특별기고, 알렉세이 미헤예프, (2014.02.21.)

Э́то но́вый компью́тер.

동영상 강의

- 의문 대명사 **какой**

- 형용사

- 이름 묻고 답하기

- 인칭 대명사 생격과 대격

Како́й э́то
까꼬이　에떠

компью́тер?
깜뷰떠르?
이것은 어떤 컴퓨터입니까?

Э́то но́вый
에떠　노브이

компью́тер.
깜뷰떠르.
이것은 새 컴퓨터입니다.

● 의문 대명사 **како́й**

의문 대명사 **како́й**는 '어떤'이라는 의미를 가지며, 수식되는 명사의 성, 수에 따라 어미가 변합니다.

Како́й э́то компью́тер? 이것은 어떤 컴퓨터입니까? (남성)
까꼬이　에떠　깜뷰떠르?

Кака́я э́то кварти́ра? 이것은 어떤 아파트입니까? (여성)
까까야　에떠　끄바르찌라?

Како́е э́то сло́во? 이것은 어떤 단어입니까? (중성)
까꼬예　에떠　슬로버?

● 형용사

상태, 성질을 나타내는 형용사 역시 수식하는 명사의 성, 수에 따라 어미가 변합니다. 형용사 남성형은 **-ый**, **-ий**, **-ой**, 여성형은 **-ая**, **-яя**, 중성형은 **-ое**, **-ее** 어미를 가집니다.

	새로운	러시아의	한국의	좋은	신선한	큰	나쁜	푸른
남성	но́вый 노브이	ру́сский 루스끼	коре́йский 까레이스끼	хоро́ший 하로쉬	све́жий 스볘쥐이	большо́й 발쇼이	плохо́й 쁠라호이	си́ний 씨니이
여성	но́вая 노바야	ру́сская 루스까야	коре́йская 까레이스까야	хоро́шая 하로샤야	све́жая 스볘좌야	больша́я 발샤야	плоха́я 쁠라하야	си́няя 씨냐야
중성	но́вое 노버예	ру́сское 루스꺼예	коре́йское 까레이스꺼예	хоро́шее 하로셰예	све́жее 스볘줴예	большо́е 발쇼예	плохо́е 쁠라호예	си́нее 씨녜예

но́вый компью́тер 새 컴퓨터
노브이　깜뷰떠르

но́вая ку́хня 새 부엌
노바야　꾸흐냐

но́вое кре́сло 새 안락의자
노버예　끄례슬러

хоро́ший автомоби́ль 좋은 자동차
하로쉬　아프따마빌

хоро́шая ко́мната 좋은 방
하로샤야　꼼나따

хоро́шее ма́сло 좋은 버터
하로셰예　마슬러

Как вас зову́т?
깍　바스　자붓?
당신의 이름은 무엇입니까?

Меня́ зову́т А́нна.
미냐　자붓　안나.
내 이름은 안나입니다.

● 이름 묻고 답하기

러시아어로 상대의 이름을 묻는 표현은 **Как вас зову́т?**입니다. 대답을 할 때는 '내 이름은 ~이다'라는 **Меня́ зову́т** 뒤에 이름을 넣어 답을 합니다.

A **Как вас зову́т?** 당신의 이름은 무엇입니까?
　　깍　바스　자붓?

B **Меня́ зову́т Том.** 내 이름은 톰입니다.
　　미냐　자붓　똠.

> **주의**
> 격의 없는 사이일 경우 вас 대신 тебя́를 넣어 물어볼 수 있습니다.
>
> A Как тебя́ зову́т? 네 이름은 뭐니?
> 　 깍　찌뱌　자붓?
> B Меня́ зову́т Та́ня. 내 이름은 타냐야.
> 　 미냐　자붓　따냐.

● 인칭 대명사의 생격과 대격

러시아어 명사는 주격, 생격, 여격, 대격, 조격, 전치격 등 6개의 격을 가지고 있습니다. 각각의 격마다 형태와 쓰임새가 다릅니다. 인칭 대명사의 생격과 대격은 같은 형태를 가집니다.

	단수		복수	
	주격	생격 / 대격	주격	생격 / 대격
1인칭	Я 나 야	меня́ 미냐	мы 우리 믜	нас 나스
2인칭	ты 너 띄	тебя́ 찌뱌	вы 당신, 너희들 븨	вас 바스
3인칭	он, оно́, она́ 그, 그것, 그녀 온, 아노, 아나	его́, её 이보, 이요	они́ 그들 아니	их 이흐

이름을 묻는 표현에서 **вас, тебя́**는 각각 인칭 대명사 **вы**와 **ты**의 대격 형태입니다. 대격은 영어의 목적격처럼 '~을/를'에 해당하는 문법적 의미를 가집니다. 즉, 이름을 묻는 **Как вас зову́т?**이라는 러시아어 표현을 직역하면 '(사람들이) 당신을 어떻게 부릅니까?'가 됩니다. 마찬가지로 '그의 이름은 무엇입니까?'라는 문장은 인칭 대명사 **он**의 대격 형태인 **его́**를, '그녀의 이름은 무엇입니까?'라는 문장은 **она́**의 대격 형태인 **её**를 써서 만듭니다.

Как его́ зову́т? 그의 이름은 무엇입니까?
깍　이보　자붓?

Как её зову́т? 그녀의 이름은 무엇입니까?
깍　이요　자붓?

> **주의**
> 'г'가 원래의 음가인 [ㄱ]가 아닌 [ㅂ]로 발음되는 이유는 'г'가 격 변화 형태에 속해 있기 때문입니다. 3인칭 대명사 он의 생격/대격 형태인 его́이보의 경우처럼 기본형이 아니라 격 변화 형태일 경우 철자 'г'는 [ㅂ]로 소리납니다. '오늘'이라는 뜻의 단어인 сего́дня씨보드냐 역시 철자 'г'는 [ㅂ]소리로 발음되는데, 오늘을 뜻하는 сего́дня가 원래는 '이 날'이라는 сей день의 생격 형태인 сего́ дня에서 비롯되었기 때문입니다.

Како́й э́то го́род?

Э́то ста́рый го́род.

Том	**Та́ня, что э́то?**	톰	타냐, 이것은 무엇이니?
	따냐, 슈또 에떠?		
Таня	**Э́то Ни́жний Но́вгород.**	타냐	이것은 니즈니 노브고로드야.
	에떠 니주니 노브고럿.		
Том	**Како́й э́то го́род?**	톰	이것은 어떤 도시니?
	까꼬이 에떠 고럿?		
Таня	**Э́то ста́рый и краси́вый го́род.**	타냐	이것은 오래되고 아름다운 도시야.
	에떠 스따르이 이 끄라씨브이 고럿.		
Том	**Он большо́й?**	톰	도시가 크니?
	온 발쇼이?		
Таня	**Да, большо́й.**	타냐	응, 커.
	다, 발쇼이.		

새 단어 및 표현

Ни́жний Но́вгород
니즈니 노브고로드

го́род 도시
ста́рый 늙은, 오래된
краси́вый 아름다운
большо́й 큰

대화 TIP

и는 영어의 and와 유사한 접속사로 '~(이)고'의 뜻을 가집니다.
   ста́рый и краси́вый 오래되고 아름다운

46

Меня́ зову́т Дохён.

Меня́ зову́т А́нна
Ива́новна. А вас?

Анна Ивановна	До́брый день! Дава́йте познако́мимся. 도브르이 젠! 다바이쩨 빠즈나꼬밈샤. Меня́ зову́т А́нна Ива́новна. А вас? 미냐 자붓 안나 이바노브나. 아 바스?
Дохён	Меня́ зову́т Дохён, моя́ фами́лия Ким. 미냐 자붓 도현, 마야 파밀리야 킴.
Боми	Меня́ зову́т Боми, моя́ фами́лия Ли. 미냐 자붓 보미, 마야 파밀리야 리.
Анна Ивановна	О́чень прия́тно, Дохён и Боми. 오친 쁘리야뜨너, 도현 이 보미.
Дохён	О́чень прия́тно. 오친 쁘리야뜨너.
Боми	Мне то́же. 므녜 또줴.

안나 이바노브나	안녕하세요! 서로 인사를 나누죠. 내 이름은 안나 이바노브나입니다. 여러분은요?
도현	내 이름은 도현입니다. 나의 성은 김입니다.
보미	내 이름은 보미입니다. 나의 성은 이입니다.
안나 이바노브나	반갑습니다, 도현과 보미.
도현	반갑습니다.
보미	저도 반갑습니다.

대화 TIP

- 러시아어에서는 동일한 표현의 반복을 피하기 위한 생략이 자주 일어납니다. А вас?라는 표현은 원래 А как вас зову́т?에서 как과 зову́т을 생략한 형태입니다.

  Меня́ зову́т Боми. А вас? 제 이름은 보미입니다. 당신은요?
  미냐 자붓 보미. 아 바스?

- Мне то́же의 경우도 비슷해서 앞 문장에서 나왔던 о́чень прия́тно를 반복하지 않으면서 동시에 숨어 있던 의미상 주어인 мне를 꺼내어 '나도 반갑다'는 표현을 мне то́же로 표현하였습니다.

새 단어 및 표현

Дава́йте познако́мимся.
서로 인사를 나눕시다.

фами́лия 성
О́чень прия́тно.
매우 반갑습니다.

тоже 역시, ~도
Мне то́же. 저도요.

● 역점이 없는 -e는 '이'처럼 발음됩니다.

его́
이보

меня́
미냐

сестра́
씨스뜨라

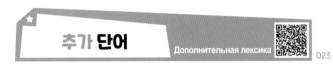

추가 **단어**　Дополнительная лексика　023

국적 형용사와 국적 명사

국가명	형용사 '~나라의'			명사 '~나라 사람'	
	남성	여성	중성	남성	여성
Росси́я 러시아	ру́сский	ру́сская	ру́сское	ру́сский	ру́сская
Коре́я 한국	коре́йский	коре́йская	коре́йское	коре́ец	корея́нка
США 미국	америка́нский	америка́нская	америка́нское	америка́нец	америка́нка
Кита́й 중국	кита́йский	кита́йская	кита́йское	кита́ец	китая́нка
Япо́ния 일본	япо́нский	япо́нская	япо́нское	япо́нец	япо́нка
Герма́ния 독일	неме́цкий	неме́цкая	неме́цкое	не́мец	не́мка
Фра́нция 프랑스	францу́зский	францу́зская	францу́зское	францу́з	францу́женка

참고

Кто вы?처럼 'Кто + 인칭 대명사?'의 형태는 직업이나 국적을 물어볼 때 사용할 수 있습니다. 국적이나 출신 민족을 물어볼 때 по национа́льности(국적, 민족상으로), 직업을 물어볼 때 по профе́ссии(직업상으로) 라는 부사구를 첨가할 수 있습니다. 여기서 по는 ~상으로, ~측면에서 라는 뜻을 가지는 전치사입니다.

A Кто вы (по национа́льности)? 당신은 어느 나라 사람입니까?
　크또 븨　(빠　나찌아날너스찌)?

B Я коре́ец. 나는 한국 사람입니다.
　야 까례예쯔.

A Кто она́ (по профе́ссии)? 그녀의 직업은 무엇입니까?
　크또 아나　(빠　쁘라페씨이)?

B Она́ врач. 그녀는 의사입니다.
　아나 브라취.

소개 표현

Дава́йте познако́мимся.
다바이쩨 빠즈나꼬밈샤.

Меня́ зову́т Оле́г.
미냐 자붓 알렉.

Меня́ зову́т Боми.
미냐 자붓 보미.

A 우리 인사를 나누죠. 제 이름은 알렉입니다.
B 제 이름은 보미입니다.

Позво́льте предста́виться.
빠즈볼쩨 쁘롓스따빗짜.

Меня́ зову́т Том.
미냐 자붓 똠.

О́чень прия́тно!
오친 쁘리야뜨너!

Меня́ зову́т Дохён.
미냐 자붓 도현.

A 제 소개를 하겠습니다. 제 이름은 톰입니다.
B 반갑습니다 . 제 이름은 도현입니다.

A의 기타 표현

Разреши́те предста́виться.
라즈례쉬쩨 쁘롓스따빗짜.
제 소개를 하겠습니다.

Познако́мьтесь, пожа́луйста.
빠즈나꼼쩨스, 빠좔스따.

Э́то Оле́г.
에떠 알렉.

О́чень прия́тно! Я Линлин.
오친 쁘리야뜨너! 야 링링.

О́чень прия́тно!
오친 쁘리야뜨너!

A 서로 인사 나누세요. 이 사람은 알렉이에요.
B 반갑습니다. 저는 링링입니다.
C 반갑습니다.

A의 기타 표현

Познако́мься, пожа́луйста.
빠즈나꼼샤. 빠좔스따.
서로 인사하렴.

참고

Познако́мьтесь는 Познако́мься
보다 격식을 차린 표현입니다.

문법 1 주어진 그림에 맞게 빈칸에 알맞은 형용사를 넣으세요.

(1)

Это _____ компьютер.

(2)

Это _____ девушка.

(3)

Это_____ город.

(4)

Это_____ театр.

★ красивый 예쁜 | девушка 아가씨 | театр 극장

2 주어진 형용사를 수식하는 명사의 성과 수에 맞게 넣어 보세요.

маленький 작은

(1) _____ окно

(2) _____ квартира

(3) _____ дом

3 주어진 대명사를 넣어 문장을 완성하세요.

(1) вы

Как _____зовут?

(2) она

Как _____зовут?

(3) я

_____зовут Том.

(4) он

_____зовут Олег.

50

듣기 녹음을 듣고 질문에 답하세요.

025

(1) 톰과 대화를 나누는 사람의 이름은 무엇입니까?

① Боми   ② Дохён   ③ Таня   ④ Иван

(2) 톰은 어느 나라 사람인가요?

① кореец   ② русский   ③ американец   ④ китаец

읽기 다음 대화를 잘 읽고 질문에 대답하세요.

Анна Ивановна	Здравствуйте! Меня зовут Анна Ивановна. Я преподаватель.
Том	Здравствуйте, меня зовут Том.
Анна Ивановна	Том, познакомься, пожалуйста. Это моя ученица. Её зовут Боми.
Том	Очень приятно, я Том.
Боми	Очень приятно, я Боми.

(1) 안나 이바노브나의 직업은 무엇입니까?

① 의사   ② 학생   ③ 선생님   ④ 기자

(2) 안나 이바노브나가 누구에게 누구를 소개하고 있습니까?

→ _____

★ преподаватель 선생님, 대학 강사 | ученица (여) 제자

러시아에서의 일상

러시아의 하루

아침에는 주로 샌드위치나 달걀, 요구르트, 곡물로 만든 죽 카샤 등 가볍고 간단한 것을 먹습니다. 러시아의 점심시간은 우리보다 좀 늦게 시작됩니다. 주로 1시에서 3시경 점심을 먹는데, 전식이라고 불리는 수프와 고기, 생선 요리 등 본식을 먹고 후식으로 차나 커피 등을 마십니다. 그래서 한국을 찾는 러시아 사람들 중에는 12시에 시작하여 1시까지 점심을 먹고 다시 업무에 복귀하는 한국 사람들의 생활 패턴을 잘 이해하지 못하는 경우도 있습니다. 저녁은 가족들이 집에 모여서 함께 담소를 나누며 하는 것이 일반적입니다. 보통 7시 정도에 시  작되는 저녁은 하루 중에서 제일 길고 즐거운 식사 시간으로 몇 시간씩 길게 이어지기도 합니다. 뜨거운 본식과 후식을 챙겨 먹으면서 식구들은 하루 중 있었던 일들을 함께 나누며 여유 있게 담소를 이어갑니다. 손님도 주로 저녁 식사 때 초대하는데, 이렇게 저녁 식사를 함께하면서 러시아 사람들을 잘 알아 갈 수 있고, 더 친해질 수 있습니다.

러시아 사람들의 만남

 친한 사람들과 만나거나 헤어질 때 러시아 사람들은 볼에 키스를 하면서 친근함을 나타냅니다. 양 볼에 한 번이나 세 번 키스를 하는데, 주로 친한 여자들끼리 만날 때, 친한 남자와 여자가 만날 때 볼 키스를 나눕니다. 남자들끼리 만날 때에는 주로 악수를 합니다. 다른 유럽 사람들에 비해서 러시아 사람들은 다른 사람들과 신체적으로 접촉하는 데에 큰 거부감이 없습니다. 또, 러시아 사람들은 잘 웃지 않는다고 많이들 생각합니다. 상냥하고 친절한 태도에 익숙한 한국 사람들은 러시아 상점에 들어가서 점원들의 무표정한 얼굴을 보고 짐짓 놀라기도 합니다. 실제로 러시아인들은 잘 알지 못하는 사람들에게는 쉽게 웃음을 보이지 않습니다. 러시아 사람들은 예의를 위해 의례적으로 웃는 웃음은 진짜가 아니라고 생각하기 때문입니다. 그래서 상대방이 나에게 미소를 보였다고 해서 반드시 미소로 답해 주지는 않습니다. 업무를 수행할 때에도 잘 웃지 않는 것은 그만큼 성실하게 일을 하고 있는 것을 표현하는 방법인 것입니다. 얼굴 표정에는 실제 기분, 마음, 진실함이 드러나야 한다고 믿는 러시아인들, 그들을 만났을 때 나와 함께 미소 지어 주지 않는다고 해서 실망하거나 당황할 필요는 없습니다.

04

Что ты де́лаешь?

동영상 강의

- 동사의 1식 변화
- 명사의 생격
- 명사의 대격
- 소유의 표현

Что ты де́лаешь?
슈또 띄 젤라예쉬?
너는 무엇을 하고 있니?

Я чита́ю кни́гу.
야　취따유　끄니구.
나는 책을 읽고 있어.

● 동사의 1식 변화

러시아어 동사는 현재 시제에서 인칭과 수에 따라 그 형태가 변화합니다. 대표적으로 1식 변화와 2식 변화의 두 가지로 나눌 수 있는데 1식 변화를 하는 동사에는 **-ать, -ять**로 끝나는 대부분의 동사와 **-ти**로 끝나는 몇몇 동사가 포함됩니다. 동사 변화 방법은 동사 원형에서 어미인 **-ть**를 떼어 내고 아래와 같이 인칭과 수에 맞는 어미를 붙이면 됩니다.

1식 변화 어미 (**де́лать** 하다)

	단수	어미	1식 변화	복수	어미	1식 변화
1인칭	я	-у (-ю)	де́лаю 젤라유	мы	-ем	де́лаем 젤라옘
2인칭	ты	-ешь	де́лаешь 젤라예쉬	вы	-ете	де́лаете 젤라예쩨
3인칭	он, она́	-ет	де́лает 젤라옛	они́	-ут (-ют)	де́лают 젤라윳

대표적인 1식 변화 동사

чита́ть 읽다
취따쯔

слу́шать 듣다
슬루샤쯔

знать 알다
즈나쯔

ду́мать 생각하다
두마쯔

понима́ть 이해하다
빠니마쯔

● 명사의 생격

명사의 생격은 소속이나 소유 관계 즉, 우리말에서 '~의'와 같은 문법적 의미를 나타낼 때 사용됩니다. 남성과 중성 명사의 경우 어미 **-а, -я**를, 여성 명사는 어미 **-ы, -и**를 붙입니다.

	남성		여성		중성	
주격	брат 형 브랏	геро́й 영웅 기로이	сестра́ 누이 씨스뜨라	пе́сня 노래 뻬쓰냐	окно́ 창문 아끄노	мо́ре 바다 모례
생격	бра́та 브라따	геро́я 기로야	сестры́ 씨스뜨리	пе́сни 뻬스니	окна́ 아끄나	мо́ря 모랴

кни́га **бра́та** 오빠의 책
끄니가　브라따

ко́мната **сестры́** 누이의 방
꼼나따　씨스뜨리

У тебя́ есть кни́га?
우 찌뱌 예스쯔 끄니가?
너는 책을 가지고 있니?

Да, **у меня́ есть** кни́га.
다, 우 미냐 예스쯔 끄니가.
응, 나는 책을 가지고 있어.

● 명사의 대격

명사의 대격은 타동사의 직접 목적어 '~을/를'에 해당하는 문법적 의미를 가집니다.

(1) 남성 명사

① 명사가 사물인 경우: 대격 = 주격

журна́л 주격 → журна́л 대격

Он чита́ет **журна́л**. 그는 잡지를 읽는다.
온 취따옛 주르날.

<table>
<tr><td>주의</td></tr>
</table>

중성 명사의 대격은 주격과 동일합니다

зада́ние (주격) → зада́ние (대격)

Они́ де́лают зада́ние. 그들은 숙제를 한다.
아니 젤라윳 자다니예.

② 명사가 사람이나 동물인 경우: 대격 = -а, -я를 붙이는 생격

брат 주격 → бра́та 대격

Я зна́ю **бра́та**. 나는 형을 안다.
야 즈나유 브라따.

геро́й 주격 → геро́я 대격

Мы понима́ем **геро́я**. 우리는 영웅을 이해한다.
믜 빠니마옘 기로야.

(2) 여성 명사

여성 명사는 사람, 사물에 관계없이 어미 -а, -я를 -у, -ю로 바꿉니다.

Я чита́ю **кни́гу**. 나는 책을 읽는다.
야 취따유 끄니구.

Мы слу́шаем **пе́сню**. 우리는 노래를 듣는다.
믜 슬루샤옘 뼤스뉴.

● 소유의 표현

생격을 이용해서 '~을/를 가지고 있다'의 의미를 가지는 소유의 표현을 만들 수 있습니다. 전치사 у 다음에 소유주를 생격으로 표시하고, '~이/가 있다'라는 존재의 뜻을 가진 동사 есть 다음에 소유의 대상을 써 주면 됩니다.

У меня́ есть кни́га. 나는 책을 가지고 있다.
우 미냐 예스쯔 끄니가.

У Ива́на есть ру́чка. 이반은 펜을 가지고 있다.
우 이바나 예스쯔 루치까.

<table>
<tr><td>주의</td></tr>
</table>

• 생격을 만드는 방법은 사람이든 사물이든 같습니다.

Ива́н → Ива́на   А́нна → А́нны
이반   이바나   안나   안늬

• у 다음에 3인칭 대명사가 올 때는 모음끼리의 충돌을 막기 위해 대명사 앞에 н를 첨가합니다.

У него́(неё) есть кни́га. 그(녀)는 책을 가지고 있다.
우 니보 (니요) 예스쯔 끄니가.

• 소유를 나타내는 'у + 생격' 구문에서 소유의 대상이 사람이면 해석은 '~이/가 있다'로 해야 자연스럽습니다.

У меня́ есть ба́бушка. 나는 할머니가 있습니다.
우 미냐 예스쯔 바부슈까.

Что ты де́лаешь?

Я чита́ю газе́ту.

Дохён	**Приве́т, Боми!**
	쁘리볫, 보미!
Боми	**Приве́т, Дохён! Что ты де́лаешь?**
	쁘리볫, 도현! 슈또 띄 젤라예쉬?
Дохён	**Я чита́ю газе́ту. А ты что де́лаешь?**
	야 취따유 가제뚜. 아 띄 슈또 젤라예쉬?
Боми	**Я слу́шаю му́зыку.**
	야 슬루샤유 무직꾸.
Дохён	**Каку́ю му́зыку ты слу́шаешь?**
	까꾸유 무직꾸 띄 슬루샤예쉬?
Боми	**Я слу́шаю поп-му́зыку.**
	야 슬루샤유 뽑 무직꾸.

도현   안녕, 보미야.

보미   안녕, 도현아. 무엇을 하고 있니?

도현   나는 신문을 읽고 있어. 너는 무엇을 하고 있니?

보미   음악을 듣고 있어.

도현   어떤 음악을 듣고 있니?

보미   팝 음악을 듣고 있어.

참고

джаз 재즈

рок-му́зыка 록 음악

класси́ческая му́зыка 클래식 음악

 대화 TIP

의문 대명사 како́й도 수식하는 명사와 함께 격 변화를 합니다. му́зыка가 여성 명사이기 때문에 '어떤 음악'에 해당하는 주격 형태는 кака́я му́зыка입니다. 문장 안에서 '~을/를 듣다'라는 뜻의 동사 слу́шать의 목적어이기 때문에 대격 형태로 변화하였습니다.

   кака́я му́зыка → каку́ю му́зыку

새 단어 및 표현

Каку́ю му́зыку ты слу́шаешь?
너는 어떤 음악을 듣니?

поп-му́зыка 팝 음악

Да, есть.

У тебя́ есть брат?

Том	**Та́ня, у тебя́ есть брат?** 따냐. 우 찌뱌 예스쯔 브랏?
Таня	**Да, у меня́ есть брат.** 다. 우 미냐 예스쯔 브랏.
Том	**А сестра́?** 아 씨스뜨라?
Таня	**То́же есть.** 또줴 예스쯔.
Том	**У тебя́ больша́я семья́?** 우 찌뱌 발샤야 씨먀?
Таня	**Да, у меня́ больша́я семья́.** 다 우 미냐 발샤야 씨먀. **У меня́ есть ба́бушка, де́душка,** 우 미냐 예스쯔 바부슈까. 제두슈까. **роди́тели, брат и сестра́.** 라지쩰리. 브랏 이 씨스뜨라.

톰　　타냐, 너는 오빠가 있니?
타냐　응, 있어.
톰　　언니는?
타냐　언니도 있어.
톰　　대가족이니?
타냐　응, 대가족이야.
　　　나는 할아버지, 할머니,
　　　부모님, 오빠, 언니가 있어.

대화 TIP

есть는 быть 동사의 3인칭 현재형으로 '～이/가 있다' 라는 존재의 의미를 강조할 때 사용합니다. 현재 시제에서 быть 동사는 이렇게 존재의 의미를 강조할 때에만 문장에서 나타납니다. 대상의 존재나 소유 사실 자체를 강조하기보다 대상의 성질, 특성에 초점이 맞춰질 때에는 есть를 생략합니다. У меня́ больша́я семья́ 에서 есть가 생략된 것은 가족이 '있다' 라는 사실이 아니라 '가족이 크다' 즉, '대가족'이라는 특성이 강조되어 있기 때문입니다.

새 단어 및 표현

То́же есть. ～도 있다.
семья́ 가족
больша́я семья́ 대가족
У меня́ больша́я семья́.
대가족이다(나는 대가족이 있다).
де́душка 할아버지
роди́тели 부모님

● -ть는 연음화되어서 [ㄸ]가 아닌 [ㅉ]로 발음됩니다.

чита́ть
취따쯔

слу́шать
슬루샤쯔

есть
예스쯔

기타 1식 동사

гуля́ть
산책하다

изуча́ть
공부하다

рабо́тать
일하다

игра́ть
놀다, 경기하다

отвеча́ть
대답하다

писа́ть
쓰다

помога́ть
도와주다

спра́шивать
묻다

уме́ть
할 줄 알다

주의

писа́ть의 경우 인칭 변화 시 어간의 -с가 -ш로 교체되고, 1인칭 단수와 3인칭 복수의 어미가 각각 -у, -ут가 됩니다.

인칭(단수)	1식 변화	어미	인칭(복수)	1식 변화	어미
я 야	пишу́ 삐슈	-у 우	мы 믜	пи́шем 삐솀	-ем 옘
ты 띄	пи́шешь 삐쉐쉬	-ешь 예쉬	вы 븨	пи́шете 삐쉐쩨	-ете 예쪠
он, она́ 온, 아나	пи́шет 삐쉣	-ет 옛	они́ 아니	пи́шут 삐슛	-ут 웃

감사와 미안함의 표현

Спаси́бо.
스빠씨버.

Пожа́луйста.
빠좔스따.

A 감사합니다.

B 천만에요.

A의 기타 표현

Благодарю́ (вас). 감사합니다.
블라가다류   (바스).

B의 기타 표현

Не́ за что. 천만에요.
네 자 슈또.

Извини́.
이즈비니.

Ничего́.
니치보.

A 미안해.

B 괜찮아.

A의 기타 표현

Прости́. 미안해.
쁘라스찌.

참고

извини́ть, прости́ть는 '용서하다'라는 뜻을 가지고 있는 동사입니다. '미안해'라는 뜻을 가지는 извини́, прости́라는 표현은 이 동사들의 명령형입니다. 본래는 '용서해 줘'라는 뜻을 가집니다. 이 표현은 봄을 맞이하는 러시아의 대표적 축제 마슬레니차와도 관련이 있습니다. 마슬레니차의 마지막 날 사람들은 길거리를 다니면서 모르는 행인을 붙잡고 무작정 "Прости́ меня́.(나를 용서해 주세요.)"라고 말을 건넵니다. 그러면 지나가던 행인은 그에 대해 "Бог прости́т.(신이 용서하실 거예요.)"라고 화답한다고 합니다.

주의

격식을 차리는 사이에서는 извини́와 прости́ 뒤에 -те쩨를 붙입니다.

Извини́те.   Прости́те.
이즈비니쩨.   쁘라스찌쩨.

연습 문제

문법

1 다음 단어들을 연결하여 올바른 문장을 만들어 보세요.

(1) Он　　　　　　　●　　　　　●　слушаю музыку.　　　_____

(2) Я　　　　　　　●　　　　　●　изучает русский язык.　_____

(3) Боми и Олег　●　　　　　●　читают книгу.　　　　_____

2 주어진 명사를 (필요하다면) 격 변화하여 문장을 완성하세요.

журнал　　　　　　опера　　　　　домашнее задание

(1) Мы читаем _____　　(2) Они делают _____

(3) Я слушаю _____

3 질문에 맞게 괄호 안의 단어를 변화시켜 문장을 완성하세요.

(1) A Чей это журнал?　　　　　(2) A Чья это тетрадь?

　　B Это журнал _____　　　　　B Это тетрадь _____
　　　(брат).　　　　　　　　　　　　　(сестра).

★ тетрадь 공책

4 그림의 대상을 소유하고 있는지를 묻고 답하는 대화를 완성하세요.

(1)

A У вас есть _____?

B Да, у меня есть _____.

(2)

A У тебя есть _____?

B Да, у меня есть _____.

(3)

A У вас есть _____?

B Да, у меня есть _____.

(4)

A У тебя есть _____?

B Да, у меня есть _____.

★ телевизор 텔레비전

듣기 ● 녹음을 듣고 질문에 답하세요.

(1) 남자 형제가 있는 사람은 누구인가요?

① Дохён ② Олег ③ Боми ④ Таня

(2) Что делает Дохён?

① читает газету ② слушает музыку

③ пишет книгу ④ делает домашнее задание

읽기 ● 다음 글을 잘 읽고 질문에 대답하세요.

У Олега большая семья. У него есть бабушка, дедушка, родители, старший брат и младшая сестра. Отец – врач, а мать – преподаватель. Брат Олега сейчас читает журнал, а Олег играет в футбол. Сестру Олега зовут Таня. Она рисует.

(1) 알렉의 가족 구성원이 아닌 사람을 고르세요.

① 할머니 ② 여동생 ③ 남동생 ④ 할아버지

(2) 알렉의 아버지 직업은 무엇인가요?

① 기자 ② 의사 ③ 엔지니어 ④ 요리사

(3) 알렉의 형이 지금 무엇을 하고 있나요?

① играет в футбол ② отдыхает

③ читает журнал ④ рисует

(4) 그림을 그리고 있는 사람은 누구이고 알렉과는 어떤 관계인가요?

→ _____

★ старший 더 나이 든 ｜ младший 더 어린 ｜ играть в футбол 축구를 하다 ｜ рисовать 그림을 그리다 ｜ отдыхать 쉬다

재미있는 러시아 이름

러시아 사람들은 이름(имя)과 성(фамилия) 외에 아버지의 이름인 부칭 (отчество)을 사용합니다. 부칭은 아버지의 이름에 남자는 -오비치, -예비 치(-ович, -евич), 여자는 -오브나, -예브나(-овна, -евна)를 붙여서 만듭 니다. 이반 이바노비치Иван Иванович라는 사람의 이름은 이반, 그의 아 버지 이름도 이반이고, 마리야 안토노브나Мария Антоновна라는 사람의 이름은 마리야, 그녀의 아버지 이름은 안톤이라는 것을 알 수 있습니다.

Антон Павлович Чехов
안톤 파블로비치 체호프

이름과 애칭

친숙하지 않거나 격식을 갖추어야 하는 사이일 경우 상대방을 부를 때 이 반 이바노비치, 마리야 안토노브나 등 의 경우처럼 이름과 부칭을 함께 붙입 니다. 하지만, 친구나 가족들, 어린 아이 들을 부를 때에는 주로 이름이 축약된 형태인 애칭을 사용합니다.

남자 이름	애칭	여자 이름	애칭
Александр	Саша	Анна	Аня
Алексей	Алёша	Валентина	Валя
Владимир	Володя	Екатерина	Катя
Иван	Ваня	Елена	Лена
Михаил	Миша	Мария	Маша
Николай	Коля	Наталья	Наташа
Сергей	Серёжа	Татьяна	Таня

러시아 사람들의 성

러시아 사람들의 성은 대부분 -오프, -예프(-ов/-ев)나 -인, -스키(-ин, -ский)로 끝납니다. 체호프 Чехов, 투르게네프Тургенев, 푸시킨Пушкин, 레닌Ленин, 차이코프스키Чайковский, 도스토예프스키 Достоевский 등 우리에게 친숙한 러시아 사람들을 떠올려 보면 쉽게 알 수 있습니다. 러시아 사람들의 성은 이름에서 유래한 이바노프, 페트로프, 미하일로프(Иванов, Петров, Михайлов) 같은 경우 외에도 직업 이 름에서 따온 쿠즈네초프(Кузнецов, 대장장이), 플로트니코프(Плотников, 목수), 동물 이름에서 따온 볼코 프(Волков, 늑대), 메드베데프(Медведев, 곰), 카르포프(Карпов, 잉어) 등이 있습니다. 여성의 성은 남성의 성에 -아(-а)를 붙이거나 -스키(-ский)를 -스카야(-ская)로 바꾸어 주면 됩니다.

Ты говори́шь по-ру́сски?

동영상 강의

- 동사의 2식 변화
- ~나라 말을 하다
- 2식 순음 변화: 자음 **л** 삽입
- 이유의 표현

Ты говори́шь
띄 가바리쉬

по-ру́сски?
빠 루스끼?
너는 러시아어를 말할 줄 아니?

Да, я говорю́
다, 야 가바류

по-ру́сски.
빠 루스끼.
응, 나는 러시아어를 말할 줄 알아.

● 동사의 2식 변화

2식 변화를 하는 동사에는 **-ить**로 끝나는 대부분의 동사, **-еть**, **-ать**로 끝나는 동사의 일부가 포함되며, 동사 변화 방법은 동사 원형에서 어미인 **-ть**를 그 앞의 모음과 함께 떼어 내고 인칭과 수에 맞는 어미를 붙입니다.

2식 변화 어미 (**говори́ть** 말하다)

	단수	어미	2식 변화	복수	어미	2식 변화
1인칭	я	-у (-ю)	говорю́ 가바류	мы	-им	говори́м 가바림
2인칭	ты	-ишь	говори́шь 가바리쉬	вы	-ите	говори́те 가바리쩨
3인칭	он, она́	-ит	говори́т 가바릿	они́	-ат (-ят)	говоря́т 가바랏

대표적인 2식 변화 동사

по́мнить 기억하다
뽐니쯔

смотре́ть 보다
스마뜨례쯔

слы́шать 들리다
슬르이샤쯔

ви́деть 보다
비졔쯔

носи́ть 나르다
나씨쯔

● ~나라 말을 하다

'~나라 말을 하다'라는 러시아어 표현은 '~나라 말로 말하다'로 직역됩니다. '말하다'라는 **говори́ть** 동사 다음에 전치사 **по**를 쓰고 해당 나라의 형용사 형태에서 어미의 **-й**를 빼고 이어 붙입니다.

Я говорю́ по-ру́сски. 나는 러시아어를 한다.
야 가바류 빠 루스끼.

Он говори́т по-коре́йски. 그는 한국어를 한다.
온 가바릿 빠 까례이스끼.

> **참고**
>
> 어느 정도 말을 할 줄 아는지를 나타내려면 хорошо́하라쇼(좋게), пло́хо쁠로허(나쁘게) 등의 부사를 붙입니다.
>
> Он хорошо́ говори́т по-англи́йски. 그는 영어를 잘한다.
> 온 하라쇼 가바릿 빠 앙글리스끼.
>
> Я пло́хо говорю́ по-кита́йски. 나는 중국어를 잘 못한다.
> 야 쁠로허 가바류 빠 끼따이스끼.

Что ты **лю́бишь**
슈또 띠 류비쉬

де́лать?
젤라쯔?
너는 무엇을 하는 것을 좋아하니?

Я **люблю́** чита́ть.
야 류블류 취따쯔.
나는 읽기를 좋아해.

● 2식 순음 변화: 자음 л 삽입

2식 변화를 하는 동사들 중에 어간에 **б, в, м, п, ф** 등 순음(입술소리)인 철자가 들어가 있으면 1인칭 단수(**я**)에서 **-л-**이 첨가됩니다.

люби́ть 좋아하다, 사랑하다

단수	2식 변화	복수	2식 변화
я 야	люблю́ 류블류	мы 의	лю́бим 류빔
ты 띠	лю́бишь 류비쉬	вы 븨	лю́бите 류비쩨
он, она́ 온, 아나	лю́бит 류빗	они́ 아니	лю́бят 류뱟

참고
어간에 순음이 들어가는 гото́вить 가또비쯔(준비하다), купи́ть 꾸삐쯔 (사다), спать 스빠쯔(자다) 등의 동사도 위처럼 2식 순음 변화를 합니다.

люби́ть 동사는 '~을/를 좋아하다', '~하기를 좋아하다'라는 구문 모두에서 쓰일 수 있습니다. 직접 어떤 대상을 좋아한다고 표현할 때는 그 대상을 대격으로 변화시켜서 동사 바로 다음에 넣으면 됩니다. '~하기를 좋아하다'를 표현하기 위해서는 **люби́ть** 동사 뒤에 해당 행위를 뜻하는 동사의 원형을 붙입니다.

Я **люблю́** тебя́. 나는 너를 사랑해.
야 류블류 찌뱌.

Он **лю́бит** му́зыку. 그는 음악을 좋아한다.
온 류빗 무직꾸.

Он **лю́бит** писа́ть, а она́ **лю́бит** чита́ть. 그는 쓰기를 좋아하고, 그녀는 읽기를 좋아한다.
온 류빗 삐싸쯔, 아 아나 류빗 취따쯔.

● 이유의 표현

이유를 물어볼 때에는 평서문 앞에 '왜'라는 뜻의 의문사 **почему́**를 쓰면 됩니다. 답을 할 때에는 이와 마찬가지로 '왜냐하면'이라는 뜻의 **потому́ что**를 문장 맨 앞에 넣으면 됩니다.

A **Почему́** ты лю́бишь её? 왜 너는 그녀를 좋아하니?
빠취무 띠 류비쉬 이요?

B **Потому́** что она́ у́мная. 왜냐하면 그녀가 똑똑하기 때문이야.
빠따무 슈또 아나 움나야.

Ты уже́ хорошо́
говори́шь по-ру́сски?

Нет, не о́чень.

Олег	Боми! Ты зна́ешь Линлин? 보미! 띄 즈나예쉬 링링?
Боми	Да, зна́ю. 다, 즈나유.
Олег	Она хорошо́ говори́т по-кита́йски? 아나 하라쇼 가바릿 빠 끼따이스끼?
Боми	Коне́чно, она прекра́сно говори́т 까녜슈너, 아나 쁘리끄라스너 가바릿 по-кита́йски. Это её родно́й язы́к. 빠 끼따이스끼. 에떠 이요 라드노이 이직.
Олег	А ты уже́ хорошо́ говори́шь по-ру́сски? 아 띄 우줴 하라쇼 가바리쉬 빠 루스끼?
Боми	Нет, не о́чень. 넷, 니 오친. Я немно́го говорю́ по-ру́сски. 야 니므노거 가바류 빠 루스끼.

알렉 보미야, 너는 링링을 알고
있니?

보미 응, 알아.

알렉 그녀는 중국어를 잘하니?

보미 당연하지, 그녀는 중국어를
아주 잘해. 모국어이니까.

알렉 너는 이미 러시아어를 잘
하니?

보미 아니, 잘 못해. 나는 러시아어
를 조금 해.

새 단어 및 표현

коне́чно 물론, 당연히
прекра́сно 훌륭하게
родно́й 모국의
язы́к 언어
уже́ 이미, 벌써
о́чень 아주, 매우
Не о́чень. 잘하는 것은 아니야.
　　　　　 (뒤에 хорошо́ 생략)
немно́го 조금

'말하다'를 뜻하는 говори́ть 동사 이외에도 писа́ть(쓰다), чита́ть(읽다), понима́ть
(이해하다) 등도 '～나라 말로'를 뜻하는 'по + 언어' 구문과 같이 사용될 수 있습니다.

Он пи́шет по-кита́йски. 그는 중국어를 쓴다.
온 비쉣 빠 끼따이스끼.

Ты понима́ешь по-коре́йски? 너는 한국어를 이해하니?
띄 빠니마예쉬 빠 까례이스끼?

Том, что ты
лю́бишь де́лать?

Я люблю́
смотре́ть кино́.

Боми	**Том, что ты лю́бишь де́лать?** 똠. 슈또 띄 류비쉬 젤라쯔?
Том	**Я люблю́ смотре́ть кино́. А ты?** 야 류블류 스마뜨례쯔 끼노. 아 띄?
Боми	**Я люблю́ чита́ть.** 야 류블류 취따쯔.
Том	**Ты чита́ешь по-ру́сски?** 띄 취따예쉬 빠 루스끼?
Боми	**Да, Я чита́ю и пишу́ по-ру́сски.** 다, 야 취따유 이 삐슈 빠 루스끼. **Я люблю́ ру́сский язы́к.** 야 류블류 루스끼 이직.
Том	**Я то́же люблю́ ру́сский язы́к.** 야 또줴 류블류 루스끼 이직.

보미	톰, 너는 무엇을 하기를 좋아 하니?
톰	나는 영화 보는 것을 좋아해. 너는?
보미	나는 책 읽는 것을 좋아해.
톰	너는 러시아어로 읽니?
보미	응, 나는 러시아어로 읽고 써. 나는 러시아어를 좋아해.
톰	나도 러시아어를 좋아해.

대화 TIP

знать(알다), изуча́ть(공부하다) 등의 동사 뒤에 언어가 이어질 때에는 'по + 언어' 구문을
쓰지 않고 '형용사 + 언어(язы́к)'를 대격 형태로 넣습니다.

    Я зна́ю ру́сский язы́к. 나는 러시아어를 안다.
    야 즈나유 루스끼 이직.

    Он изуча́ет коре́йский язы́к. 그는 한국어를 공부한다.
    온 이주촤옛 까례이스끼 이직.

새 단어 및 표현

смотре́ть 보다
кино 영화
смотре́ть кино 영화를 보다
**чита́ть и писа́ть
по-ру́сски** 러시아어로 읽고 쓰다
люби́ть ру́сский язы́к
러시아어를 좋아하다

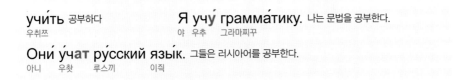

정자법 규칙

г, к, х, ж, ч, ш, щ 등의 철자 뒤에는 ы, ю, я가 오지 못하고 대신 и, у, а가 옵니다. 따라서 2식 변화하는 동사의 어간이 위 철자로 끝나는 경우 1인칭 어미는 -ю가 아니라 -у가, 3인칭 복수 어미는 -ят가 아니라 -ат가 됩니다.

учи́ть 공부하다
우취쯔

Я учу́ грамма́тику. 나는 문법을 공부한다.
야 우추 그라마찌꾸

Они́ у́чат ру́сский язы́к. 그들은 러시아어를 공부한다.
아니 우챳 루스끼 이직

형용사에서 파생되어 -о로 끝나는 다양한 부사들

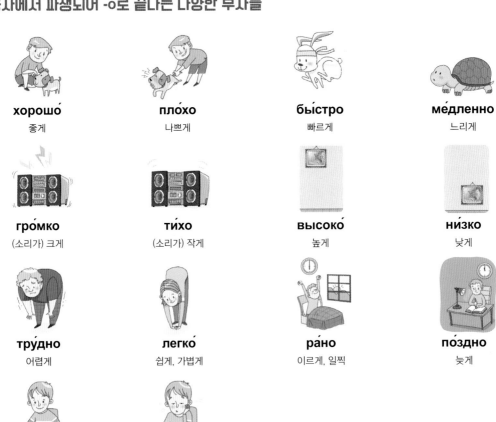

хорошо́	пло́хо	бы́стро	ме́дленно
좋게	나쁘게	빠르게	느리게

гро́мко	ти́хо	высоко́	ни́зко
(소리가) 크게	(소리가) 작게	높게	낮게

тру́дно	легко́	ра́но	по́здно
어렵게	쉽게, 가볍게	이르게, 일찍	늦게

ве́село	ску́чно
즐겁게	지루하게

일상에서 많이 쓰는 기원과 축하 표현

С днём рожде́ния!
스 드뇸　라주제니야!

Спаси́бо.
스빠씨버.

A 생일 축하해요!
B 감사합니다.

С Рождество́м!
스 라주줴스트봄!

Вас то́же.
바스　또줴.

A 메리 크리스마스!
B 당신도요.

A의 기타 표현

С Но́вым го́дом!
스 노븸　고돔!
새해 복 많이 받으세요!

С пра́здником! 명절 잘 보내세요!
스 쁘라즈니꼼!

주의

вас то́же에서 вас는 대명사 вы의 대격 형태입니다. '축하한다'는 의미의 동사 поздравля́ть와 함께 쓰여서 '당신을 축하합니다'라는 뜻을 나타냅니다. 이 문장에서는 '축하한다'는 동사는 생략되고 목적어인 вас만 남은 것입니다.

Счастли́вого пути́!
쉬슬리보보　　　뿌찌!

Спаси́бо.
스빠씨버.

A 즐거운 여행 되세요!
B 감사합니다.

연습 문제

문법 1 다음 단어들을 연결하여 올바른 문장을 만들어 보세요.

(1) Я ●   ● ① говорит по-корейски.

(2) Боми ●   ● ② смотрю телевизор.

(3) Они ●   ● ③ любят театр.

(4) Ты ●   ● ④ готовишь ужин?

(5) Мы ●   ● ⑤ любите кино?

(6) Вы ●   ● ⑥ спим долго.

★ ужин 저녁 식사 | билет 티켓

2 각 그림에 맞는 동사를 선택하여 문법에 맞춰 고쳐 쓰세요.

любить   говорить   смотреть

(1)

Я _____ тебя.

(2)

Вы _____ по-китайски?

(3)

Они _____ фильм.

3 빈칸에 적절한 단어를 골라 쓰세요.

сплю   по-русски   русский язык   почему   с

(1) _____ ты читаешь журнал?

(2) Боми немного говорит _____.

(3) Я _____ дома.

(4) Том любит _____.

(5) _____ Рождеством!

듣기 ● 녹음을 듣고 질문에 답하세요.

037

(1) 누가 영어를 잘하나요?

① Боми   ② Нори   ③ Дохён   ④ Таня

(2) 다음 중 맞는 것을 고르세요.

① 알렉은 영어를 모른다.

② 알렉은 한국어를 잘한다.

③ 도현이는 축구 경기 하는 것을 좋아한다.

④ 도현이는 축구 경기 보는 것을 좋아한다.

읽기 ● 다음 글을 잘 읽고 질문에 대답하세요.

Боми и Том – друзья. Они вместе изучают русский язык. Боми прекрасно говорит по-корейски, потому что она кореянка. Том не говорит по-корейски, но он хорошо говорит по-русски. Они любят читать и писать по-русски.

(1) 다음 중 틀린 것을 고르세요.

① 보미는 한국어를 잘합니다.

② 톰은 러시아어를 잘합니다.

③ 보미와 톰은 한국어를 같이 공부합니다.

④ 보미와 톰은 러시아어를 같이 공부합니다.

(2) 다음 중 보미와 톰이 좋아하는 두 가지를 고르세요.

① 듣기   ② 말하기   ③ 읽기   ④ 쓰기

★ друзья 친구들 | вместе 같이 | кореянка (여) 한국 사람

왜 러시아를 '쏘련'이라고 부르는 사람들이 많아요?

로마노프 왕조의 몰락과 피의 일요일

'쏘련'은 1917년 사회주의 혁명으로 만들어진 '소련'(소비에트 사회주의 공화국연방: Union of Soviet Socialist Republics:USSR)을 된소리로 발음한 것입니다. 1917년 사회주의 혁명이 성공을 거두면서 그 이전까지 러시아 영토를 지배했던 로마노프 왕조가 무너지게 되었습니다. 오른쪽 사진은 오랜 전쟁과 굶주림에 지친 성난 군중들이 차르가 머물던 페테르부르크의 겨울 궁전으로 몰려가는 모습을 보여 줍니다. 바로 1905년에 있었던 피의 일요일 사건입니다.

소련의 탄생과 붕괴

차르Царь를 군주로 하던 제정 러시아가 붕괴되고 그 이후 1922년 러시아, 우크라이나, 벨라루스, 우즈베크, 카자흐, 아제르바이잔, 몰다비아, 키르키스, 타지크, 아르메니아, 투르크멘, 그루지야, 에스토니아, 라트비아, 리투아니아 등 15개 공화국이 소속된 소련이 만들어지게 되었습니다. 왼쪽 문양은 소련을 비롯, 여타 사회주의 국가의 국기에 새겨져 있던 낫과 망치입니다. 정치적으로는 공산당 1당 독재, 경제적으로는 사회주의 계획 경제, 농업 집단화를 표방했던 소련은 개혁, 개방의 물결, 독일 통일 등에 영향을 받아 1991년 공산주의 포기와 함께 붕괴되었고, 소련에 소속되어 있던 15개 공화국 중 에스토니아, 라트비아, 리투아니아 등 발트 3국을 제외한 나머지 국가들은 독립국가연합(Commonwealth of Independent States:CIS)을 결성하였습니다.

소련의 해체와 러시아

소련의 해체 이후 러시아는 오래 전부터 러시아의 상징이었고, 19세기 말 러시아의 국기이기도 했던 삼색기를 다시 국기로 사용하게 됩니다. 러시아 제국 시대의 쌍두 독수리 문장 역시 다시 러시아 연방의 문장으로 사용되기 시작했습니다. 소련이 해체되고 그 실체가 없어진 지 30여 년이 지난 이후에도 러시아를 가리켜 '쏘련'이라고 하고, 러시아어를 '쏘련말'이라고 하는 사람들이 아직도 많습니다. 이것은 아마도 미국과 소련으로 대변되던 냉전의 시기, 이데올로기 대립의 시기가 치열하게 오랜 시간 지속되었고, 해방과 분단을 비롯해 이 시대를 직접 경험한 어르신들의 언어 생활 속에 그 당시의 흔적이 강하게 남아 있기 때문일 것입니다.

Что ты де́лал вчера́?

동영상 강의

- 동사의 과거 시제

- 혼합형 동사 변화 хоте́ть

- 명사의 조격

- 시간 표현 I: 조격

Что он **де́лал** вчера́?
그는 어제 무엇을 했니?

Он **смотре́л** телеви́зор.
그는 텔레비전을 봤어.

● 동사의 과거 시제

러시아어 동사의 과거 시제는 주어의 성, 수에 따라 구분되는데, 남성, 여성, 중성, 복수 총 4가지가 있습니다. 과거 시제를 만드는 법은 동사 원형에서 **-ть**를 떼고, 어미에 남성은 **-л**, 여성은 **-ла**, 중성은 **-ло**, 복수는 **-ли**를 붙이면 됩니다.

	чита́ть 읽다	писа́ть 쓰다	знать 알다	говори́ть 말하다	смотре́ть 보다
남성	чита́л	писа́л	знал	говори́л	смотре́л
여성	чита́ла	писа́ла	зна́ла	говори́ла	смотре́ла
중성	чита́ло	писа́ло	зна́ло	говори́ло	смотре́ло
복수	чита́ли	писа́ли	зна́ли	говори́ли	смотре́ли

Он чита́л газе́ту. 그는 신문을 읽었다.   Она́ писа́ла письмо́. 그녀는 편지를 썼다.

Они́ слу́шали му́зыку. 그들은 음악을 들었다.

Я, ты와 같이 남성인지 여성인지 문법적으로 나타나지 않은 경우, 실제 성이 남자면 **-л**을, 여자면 **-ла**를 붙입니다.

주어가 남자일 때 Я(ты) говори́л / смотре́л. 나(너)는 말했다 / 보았다.

주어가 여자일 때 Я(ты) говори́ла / смотре́ла. 나(너)는 말했다 / 보았다.

● 혼합형 동사 변화 **хоте́ть**

'원하다', '희망하다'의 의미를 가지는 동사 **хоте́ть**는 동사 원형에서 어미인 **-ть**를 앞의 모음과 함께 떼어 내고 단수에서는 **-т**를 **-ч**로 바꾸면서 1식 변화하고, 복수에서는 **-т**를 유지하면서 2식 변화합니다. **хоте́ть** 동사 뒤에 원하는 대상을 대격 형태로 넣거나 동사 원형을 붙입니다.

хот(ч) + **-у, -ешь, -ет, -им, -ите, -ят**			
어간		어미	
я	хочу́	мы	хоти́м
ты	хо́чешь	вы	хоти́те
он, она́	хо́чет	они́	хотя́т

A Что ты **хо́чешь**? 너는 무엇을 원하니?

B Я **хочу́** ко́фе. 나는 커피를 원해.

A Что ты **хо́чешь де́**лать? 너는 무엇을 하기를 원하니?

B Я **хочу́** гуля́ть. 나는 산책하기를 원해.

Чем она́ пи́шет?
그녀는 무엇으로 씁니까?

Она́ пи́шет ру́чкой.
그녀는 펜으로 씁니다.

● 명사의 조격

명사의 조격은 행위를 하는 데에 사용되는 수단이나 도구, 또는 사람이나 사물의 일시적 상태나 자격 등을 나타
낼 때 사용됩니다. 남성과 중성 명사의 경우 어미 **-ом**, **-ем**을, 여성 명사는 어미 **-ой**, **-ей**를 붙입니다.

	남성		여성		중성	
주격	каранда́ш 연필	учи́тель 선생님	ру́чка 펜	пе́сня 노래	у́тро 아침	мо́ре 바다
조격	карандашо́м	учи́телем	ру́чкой	пе́сней	у́тром	мо́рем

A Чем она́ пи́шет? 그녀는 무엇으로 씁니까?

B Она́ пи́шет **ру́чкой**. 그녀는 펜으로 씁니다.

A Кем он рабо́тает? 그는 누구로 일하나요?

B Он рабо́тает **учи́телем**. 그는 선생님으로 일합니다.

> **주의**
> **чем**은 의문 대명사 **что**(무엇)의,
> **кем**은 **кто**(누구)의 조격 형태입
> 니다.

● 시간 표현 I: 조격

시간을 표현할 때 명사의 조격을 씁니다.

у́тро 아침 → у́тром 아침에
день 낮 → днём 낮에
ве́чер 저녁 → ве́чером 저녁에
ночь 밤 → но́чью 밤에

весна́ 봄 → весно́й 봄에
ле́то 여름 → ле́том 여름에
о́сень 가을 → о́сенью 가을에
зима́ 겨울 → зимо́й 겨울에

A Когда́ ты чита́ешь газе́ту?
너는 언제 신문을 읽니?

B **Ве́чером**.
저녁에.

> **주의**
> 시간을 묻는 의문사는 **когда́**이며, 시간을 나타내는 조격의
> 경우 **но́чью**(밤에), **о́сенью**(가을에)처럼 여성 명사 조
> 격이 **-ью** 형태를 가지는 경우도 있습니다.
>
> A Когда́ он отдыха́ет? 언제 그는 휴식을 취하나요?
> B **О́сенью**. 가을에요.

Что ты де́лал вчера́?

Я смотре́л телеви́зор.

Боми	Дохён, что ты де́лал вчера́?
Дохён	Я смотре́л телеви́зор и чита́л кни́гу.
Боми	Каку́ю кни́гу ты чита́л?
Дохён	Я чита́л «Войну́ и мир». А ты что дела́ла?
Боми	У́тром гуля́ла, а ве́чером игра́ла в те́ннис с Оле́гом.
Дохён	Оле́г хорошо́ игра́ет в те́ннис?
Боми	Да, в шко́ле он был тениси́стом.

보미	도현아, 어제 너는 무엇을 했니?
도현	TV 보고 책을 읽었어.
보미	어떤 책을 읽었니?
도현	《전쟁과 평화》를 읽었어. 너는 무엇을 했니?
보미	아침에는 산책을 했고, 저녁에는 알렉과 테니스를 쳤어.
도현	알렉은 테니스를 잘 치니?
보미	응, 고등학교 때 그는 테니스 선수였어.

참고

- 러시아에서 шко́ла(학교)는 우리나라의 초, 중, 고등학교 과정이 합쳐진, 대학 이전의 교육 과정을 뜻합니다. 본문에서는 편의상 고등학교라고 해석하였습니다.
- 전치사 c는 '~와/과 함께'라는 뜻을 나타내며 뒤에 조격이 옵니다.
  с Ива́ном 이반과 함께
  с Ни́ной 니나와 함께

대화 TIP

был은 '~이다', '~이/가 있다'라는 뜻을 가지는 **быть** 동사의 과거 시제입니다. **быть** 동사는 러시아어에서 현재 시제로는 사용되지 않습니다. **быть** 동사의 과거 시제는 주어의 성, 수에 따라 아래와 같이 변화하며, 뒤에 직업이나 자격을 나타내는 조격 명사와 함께 쓰여, 일시적인 상태를 나타냅니다.

	남성 ОН	여성 ОНА́	중성 ОНО́	복수 ОНИ́
быть	был	была́	бы́ло	бы́ли

Он был инжене́ром. 그는 엔지니어였다.
Она́ была́ певи́цей. 그녀는 가수였다.

새 단어 및 표현

вчера́ 어제
«Война́ и мир» 《전쟁과 평화》
игра́ть в те́ннис 테니스를 치다
с кем ~와/과 함께
шко́ла 학교(초, 중, 고등)
быть ~이다, ~이/가 있다
быть кем ~(자격, 신분) 이다
тениси́ст 테니스 선수

Что ты хо́чешь де́лать?

Я хочу́ отдыха́ть до́ма.

Таня	Оле́г, за́втра выходно́й день. Что ты хо́чешь дела́ть?
Олег	За́втра у́тром и днём я хочу́ отдыха́ть до́ма.
Таня	Что ты сего́дня де́лал?
Олег	Я был на рабо́те и си́льно уста́л.
Таня	А кем ты рабо́таешь?
Олег	Я рабо́тал официа́нтом.
Таня	Что ты хо́чешь де́лать за́втра ве́чером?
Олег	Я бу́ду смотре́ть фильм.

타냐	알렉, 내일은 휴일이야. 무엇을 하고 싶니?
알렉	내일 아침과 낮에는 집에서 쉬고 싶어.
타냐	오늘 무엇을 했는데?
알렉	일하러 갔었고, 몹시 피곤해.
타냐	너는 무슨 일을 하니?
알렉	나 종업원으로 일해.
타냐	내일 저녁에는 무엇을 하고 싶은데?
알렉	나는 영화를 볼 거야.

참고

· бу́ду는 быть 동사의 1인칭 단수 미래 시제 형태입니다. **7과 참조**

· быть 동사의 과거 시제가 장소를 나타내는 전치사 в, на와 함께 쓰이면 '~에 있었다', '~에 갔었다'의 뜻을 나타냅니다.

Она́ была́ в шко́ле.
그녀는 학교에 있었다.

Он был на заво́де.
그는 공장에 있었다.

대화 TIP

· '낮', '하루'라는 뜻의 명사 **день** 앞에 형용사를 붙이면, 다양한 표현을 만들 수 있습니다.

выходно́й день 휴일   **рабо́чий** день 업무일

· '전부', '온전한' 등의 뜻을 가지는 **це́лый, весь**를 붙이면 '하루 종일'을 뜻하는 대격 표현을 만들 수 있습니다.

це́лый день 하루 종일   **весь** день 온종일

새 단어 및 표현

за́втра 내일
выходно́й 나가는, 쉬는
выходно́й день 휴일
сего́дня 오늘
на рабо́те 직장에서
си́льно 강하게, 몹시
уста́ть 피곤하다, 지치다
официа́нт 종업원(식당)
фильм 영화

● 러시아어 자음은 늘 역행 동화하기 때문에 무성 자음 앞의 유성 자음은 무성 자음으로 발음됩니다. 아래의 단어에서 파란색으로 표시되어 있는 т, к는 무성 자음이기 때문에 그 앞에 있는 유성 자음 в, з가 무성 자음으로 동화되어 [ф], [с]로 소리 나는 것을 알 수 있습니다.

а**в**тобус	ла**в**ка	ска**з**ка	ука**з**ка
[ф]	[ф]	[с]	[с]
아프또부스	라프까	스까스까	우까스까

● игра́ть **в** те́ннис에서 전치사 в도 [в]가 아닌 [ф]로 발음됩니다.
이그라쯔 프 떼니스

운동 경기를 하다: игра́ть в + 경기 이름

игра́ть в те́ннис
테니스를 치다

игра́ть в футбо́л
축구를 하다

игра́ть в бейсбо́л
야구를 하다

игра́ть в баскетбо́л
농구를 하다

игра́ть в бадминто́н
배드민턴을 하다

игра́ть в волейбо́л
배구를 하다

игра́ть в гольф
골프를 치다

игра́ть в ша́хматы
장기를 두다

игра́ть в хокке́й
하키를 하다

игра́ть в крике́т
크리켓을 하다

> **참고**
> '놀다', '~경기를 하다'라는 뜻의 игра́ть는 뒤에 전치사 в와 함께 경기 이름을 대격으로 붙이면 '~경기를 하다'라는 뜻을 표현할 수 있습니다.
> 주로 공을 가지고 하는 구기 종목인 경우 이렇게 표현할 수 있습니다.

감탄의 표현

Как хорошо́!

A 얼마나 좋은지 몰라요!

Как пло́хо!

A 얼마나 불쾌한지 몰라!

 Како́й у́мный студе́нт!

A 정말 똑똑한 대학생이구나!

A 얼마나 좋은 날씨인가!
(날씨가 정말 좋구나!)

> **참고**
> 감탄문의 경우 억양은 첫 단어의 역점 부분에서 올라갔다가 마지막 단어의 역점에서 내려갑니다.
>
>
> Как хорошо́!
> Како́й у́мный студе́нт!

Кака́я хоро́шая пого́да!

문법

1 다음 단어들을 연결하여 올바른 문장을 만들어 보세요.

(1)
Олег •   • ① танцевала _____.

(2)
Дохён •   • ② смотрели фильм _____.

(3)
Таня •   • ③ играл в теннис _____.

(4)
Мы •   • ④ гулял по лесу _____.

(5)
Анна
Ивановна •   • ⑤ читала лекции _____.

★ гулять по лесу 숲을 따라 산책하다 ｜ читать лекции 강의를 하다

2 문장 구조에 맞게 주어진 표현을 골라 문장을 완성하세요.

хочет отдыхать   карандашом   хотят слушать музыку   вечером

(1) _____ я читаю книгу.

(2) Они _____.

(3) Она пишет _____.

(4) Дохён _____.

3 문장이 문법적으로 맞으면 ○, 틀리면 ✕ 하세요.

(1) Он читала журнал.   (   )

(2) Анна пишем карандашей.   (   )

(3) Я хочу слушать музыку.   (   )

(4) Мы писал письмо.   (   )

듣기 ● 녹음을 듣고 질문에 답하세요.

043

(1) 도현이는 어제 저녁에 무엇을 했나요?

①   ②   ③   ④

(2) 보미가 좋아하는 것은 무엇인가요?

① 독서   ② 쇼핑   ③ 친구와 이야기하기   ④ 영화 관람

(3) 보미는 어제 저녁 누구와 함께 있었나요?

① Таня   ② Олег   ③ Дохён   ④ Линлин

★ «Властелин колец» 《반지의 제왕》

읽기 ● 다음 글을 잘 읽고 질문에 대답하세요.

Сегодня утром Боми опоздала на урок, потому что вчера она очень устала. Вчера утром она каталась на лыжах, днём играла в бадминтон, а вечером играла в теннис.

(1) 보미는 어제 아침에 무엇을 했나요?

① 스키를 탔다.   ② 테니스를 쳤다.   ③ 영화를 봤다.   ④ 음악을 들었다.

(2) 보미가 한 일 중 사실과 다른 것을 고르세요.

① 오늘 지각을 했다.   ② 어제 몹시 피곤했다.

③ 어제 테니스를 쳤다.   ④ 오늘 배드민턴을 쳤다.

★ опоздать 지각하다 | устать 피곤하다 | кататься на лыжах 스키를 타다

바다코끼리들(моржи)의 겨울

혹한에서 즐기는 얼음물 수영

러시아에서는 한 겨울 맹렬한 추위에 야외에서 수영을 즐기는 사람들을 볼 수 있습니다. 꽁꽁 얼어붙은 강의 얼음을 깨고 구멍을 내서 차디찬 얼음 물 속에 뛰어들어 수영을 즐기는 겨울 수영 애호가들을 '바다코끼리(моржи)'라고 부릅니다. 러시아에 공식 등록된 겨울 수영 애호가 수는 150만 명이 넘는다고 합니다.

겨울 수영을 하는 이유

추운 날씨에 얼음을 깨고 물에 들어가 수영을 할 수 있는 것은 얼음 밑 수온이 영상 4도 정도로, 오히려 대기 온도보다 높아 물속이 더 따뜻하기 때문입니다. 그리고 우리 몸을 낮은 기온에 일정 시간 동안 노출하면 면역력과 신체 능력이 전반적으로 강해진다는 이론이 있는데, 이 이론이 '바다코끼리'들이 겨울 수영을 즐기는 이유를 설명해 줍니다.

건강하게 겨울 수영을 즐기려면

'바다코끼리'들이 안전하게 겨울 수영을 하기 위해 지켜야 하는 규칙이 있습니다.
첫째, 수영 전후 반드시 가벼운 운동을 합니다. 둘째, 팔다리를 물속에 천천히 담그지 않고 단번에 뛰어듭니다. 셋째, 수영은 1분~1분 30초 정도만 하고 머리는 물 속에 담그지 않습니다. 넷째, 수영을 마치고 따뜻하고 건조한 옷을 입습니다. 만일의 경우를 대비해서 의사와의 상담도 잊어서는 안 됩니다. 만성 질환이 있다면 겨울 수영이 해가 될 수도 있기 때문입니다.

RUSSIA포커스 특별기고, 모리츠 가트만, 마리아 오세트로바, (2014.01.25.)

Ва́за на столе́.

- 명사의 전치격
- 장소의 전치사 в와 на
- **быть** 동사의 미래 시제
- 동사의 미래 시제 만들기 (합성 미래)

Где кни́га?
책이 어디에 있습니까?

Она́ **в** столе́.
책은 책상 속에 있습니다.

● 명사의 전치격

명사의 전치격은 '~에 대해서' 혹은 '~에' 등의 의미를 표현할 때 사용됩니다. 남성, 중성, 여성 명사의 경우 모두 어미 **-е**를 붙이는데, **-ь**으로 끝나는 여성 명사나 **-ий**, **-ия**, **-ие**로 끝나는 명사들은 **-и**를 붙입니다.

	남성			여성			중성	
주격	стол 책상	слова́рь 사전	санато́рий 요양원	шко́ла 학교	тетра́дь 공책	аудито́рия 강의실	окно́ 창문	зда́ние 건물
전치격	столе́	словаре́	санато́рии	шко́ле	тетра́ди	аудито́рии	окне́	зда́нии

전치사 о: ~에 대해서

Я ду́маю **о** Москве́. 나는 모스크바에 대해 생각한다.

Он расска́зывает **о** подру́ге. 그는 여자 친구에 대해 이야기한다.

전치사 в: ~안에

Кни́га **в** столе́.
책이 책상 속에 있다.

전치사 на: ~위에

Ва́за **на** столе́.
꽃병이 책상 위에 있다.

● 장소의 전치사 в와 на

전치사 **в**, **на**는 일반적으로 장소를 나타낼 때 즉, '~에서' 의미로도 쓰이며, 서로 각기 다른 명사들과 결합합니다.

Она́ **в** шко́ле.
그녀는 학교에 있다.

Сеу́л нахо́дится **в** це́нтре Коре́и.
서울은 한국(한반도)의 중심에 있다.

Он **на** заво́де.
그는 공장에 있다.

Владивосто́к нахо́дится **на** восто́ке Росси́и.
블라디보스톡은 러시아의 동쪽에 있다.

Что ты **бу́дешь** де́лать?
너는 무엇을 할 거니?

Я **бу́ду** рисова́ть.
나는 그림을 그릴 거야.

● быть 동사의 미래 시제

'~이다'라는 뜻의 **быть** 동사의 미래 시제는 인칭에 따라 변화합니다.

		буд + -у, -ешь, -ет, -ем, -ете, -ут 어간			어미	
я	-у	бу́ду	мы	-ем	бу́дем
ты	-ешь	бу́дешь	вы	-ете	бу́дете
он, она́	-ет	бу́дет	они́	-ут	бу́дут

Я **бу́ду** в университе́те.
나는 대학교에 있을 것이다.

Они́ **бу́дут** в аудито́рии.
그들은 강의실에 있을 것이다.

Мы **бу́дем** на вы́ставке.
우리는 박람회에 있을 것이다.

> **참고**
> 전치사 в는 건물이나 주변과 경계가 지어진 공간,
> 그리고 실내를 지칭하는 명사와 주로 사용되고, 전
> 치사 на는 건물의 표면이나 전체/일부가 개방된
> 공간, 섬(반도)을 지칭하는 명사와 주로 사용됩니다.

● 동사의 미래 시제 만들기 (합성 미래)

быть 동사 미래 시제를 이용해서 동사의 미래 시제를 만들 수 있습니다. 인칭에 따라 변화한 **быть** 동사 미래 시제 뒤에 동사 원형을 붙이면 됩니다.

A Что ты **бу́дешь де́лать** за́втра у́тром? 너는 내일 아침 무엇을 할 거니?

B Я **бу́ду смотре́ть** телеви́зор. 나는 TV를 볼 거야.

A Что они́ **бу́дут де́лать** послеза́втра? 모레 그들은 무엇을 할까?

B Они́ **бу́дут игра́ть** в гольф. 그들은 골프를 칠 거야.

A Что мы **бу́дем де́лать** сего́дня ве́чером? 오늘 저녁 우리는 무엇을 할 건가요?

B Мы **бу́дем гуля́ть** по ле́су. 우리는 숲을 산책할 겁니다.

Она́ нахо́дится в це́нтре го́рода.

Где нахо́дится Кра́сная пло́щадь?

Боми	До́брый день, Бори́с Петро́вич! Вы зна́ете, где нахо́дится Кра́сная пло́щадь?
Борис Петрович	Да, она́ нахо́дится в це́нтре го́рода.
Боми	А где Храм Васи́лия Блаже́нного?
Борис Петрович	Он стои́т на Кра́сной пло́щади, на ю́ге.
Боми	Он краси́вый?
Борис Петрович	Он краси́вый и уника́льный.

보미	안녕하세요, 보리스 페트로비치? 붉은 광장이 어디에 있는지 아세요?
보리스 페트로비치	알지요, 도심에 있어요.
보미	그럼 성 바실리 대성당은 어디 있나요?
보리스 페트로비치	붉은 광장에 있습니다. 남쪽에요.
보미	아름다운가요?
보리스 페트로비치	아름답고 독창적입니다.

참고

'붉은 광장에서'를 뜻하는 표현 **на Кра́сной пло́щади**를 보면 원래의 형용사 Кра́сная가 Кра́сной로 바뀐 것을 볼 수 있습니다. 뒤에 있는 명사가 격에 따라 변화하면 앞의 형용사도 같이 변화합니다.

대화 **TIP**

где(어디), что(무엇), когда(언제), почему́(왜), как(어떻게, 얼마나), чей(누구의) 등의 의문사를 이용해서 앞뒤 문장을 연결할 수 있습니다.

Вы зна́ете, 당신은 알고 있다. **где** нахо́дится Кра́сная пло́щадь. 붉은 광장이 어디에 있는지,
что она́ краси́вая. 그녀가 아름답다는 것을,
когда́ я была́ в теа́тре. 내가 언제 극장에 갔는지,
почему́ она́ сейча́с до́ма. 왜 그녀가 지금 집에 있는지,
как он хо́чет спать. 얼마나 그가 자고 싶어 하는지,
чей э́то дом 이것이 누구의 집인지,

새 단어 및 표현

нахо́диться 위치하다
пло́щадь 광장
Кра́сная пло́щадь 붉은 광장
го́род 도시
центр го́рода 도심
Храм Васи́лия Блаже́нного 성 바실리 대성당
стои́ть 서 있다
юг 남쪽
уника́льный 독창적인

Что ты бу́дешь
де́лать за́втра?

Я бу́ду изуча́ть ру́сский
язы́к в библиоте́ке.

Олег	Дохён, что ты бу́дешь дела́ть за́втра?
Дохён	Я бу́ду учи́ть ру́сский язы́к в библиоте́ке. Я ещё пло́хо чита́ю по-ру́сски.
Олег	Ты не хо́чешь посмотре́ть о́перу? У меня́ есть биле́ты на о́перу «Евге́ний Оне́гин».
Дохён	К сожале́нию, я не люблю́ о́перу.
Олег	А что бу́дут дела́ть Том и Боми?
Дохён	Наве́рное, они́ бу́дут отдыха́ть.

알렉	도현아, 내일 무엇을 할 거니?
도현	나는 도서관에서 러시아어를 공부할거야. 아직 러시아어를 잘 읽지 못하거든.
알렉	오페라 보고 싶지 않니? 《예브게니 오네긴》 티켓이 내게 있거든.
도현	안타깝게도 나는 오페라를 좋아하지 않아.
알렉	톰과 보미는 무엇을 할까?
도현	아마도 걔들은 쉴 거야.

참고

· биле́ты는 биле́т의 복수 형태입니다.
· посмотре́ть는 смотре́ть 동사 앞에 접두사 по를 붙여서 만든 완료상 형태입니다. **14, 16과 참조**

대화 TIP

· 러시아어로는 다양한 표현으로 '~공부하다'라는 뜻을 전달할 수 있습니다.

изуча́ть ру́сский язы́к 러시아어를 배우다, 연구하다
занима́ться ру́сским языко́м 러시아어를 공부하다
учи́ть ру́сский язы́к 러시아어를 학습하다, 외우다

· изуча́ть와 учи́ть는 공부하는 대상을 대격으로, занима́ться는 조격으로 씁니다.
Я изуча́ю **фи́зику**. 나는 물리학을 연구한다. (대격)
Он у́чит **текст**. 그는 텍스트를 학습한다. (대격)
Мы занима́емся **исто́рией**. 우리는 역사를 공부한다. (조격)

새 단어 및 표현

библиоте́ка 도서관
ещё 아직
посмотре́ть 보다 (완료상)
о́пера 오페라
смотре́ть о́перу 오페라를 보다
биле́т 티켓
к сожале́нию 안타깝게도
наве́рное 아마도

장소를 나타낼 때 전치사 в / на와 함께 결합되는 명사들

- **в와 결합**

в стране́
나라에

в го́роде
도시에

в дере́вне
시골에

в аудито́рии
강의실에

в больни́це
병원에

в университе́те
대학교에

в теа́тре
극장에

в библиоте́ке
도서관에

в клу́бе
클럽에

в гости́нице
호텔에

в ци́рке
서커스에

в лаборато́рии
실험실에

- **на와 결합**

на ро́дине 모국에	**на рабо́те** 직장에	**на у́лице** 거리에
на пло́щади 광장에	**на заво́де** 공장에	**на уро́ке** 수업에
на экза́мене 시험에	**на конце́рте** 연주회에	**на восто́ке** 동쪽에
на за́паде 서쪽에	**на ю́ге** 남쪽에	**на се́вере** 북쪽에

허락, 가능, 금지의 표현

Здесь мо́жно рисова́ть?

Да, мо́жно.

A 여기서 그림을 그려도 됩니까?
B 네, 됩니다.

В Байка́ле мо́жно купа́ться?

Да, мо́жно.

A 바이칼 호수에서 수영해도 됩니까?
B 네, 됩니다.

Здесь мо́жно кури́ть?

Нет, нельзя́.

A 여기서 담배 피워도 됩니까?
B 아니요, 안 됩니다.

Извини́те, нельзя́.

Мо́жно есть?

A 먹어도 됩니까?
B 죄송합니다. 안 됩니다.

문법

1 주어진 단어를 알맞게 격 변화 시키세요.

(1) Она работает в _____. (Москва)

(2) Я думаю о _____. (родина)

(3) Мы изучаем историю в _____. (аудитория)

(4) Они изучают корейский язык на _____. (урок)

2 다음에 주어진 동사들을 시제에 맞게 넣으세요.

| отдыхать | смотреть телевизор | слушать радио |

(1) Вчера она
_____.

(2) Завтра мы
_____.

(3) Сегодня я
_____.

3 전치사 в와 на 중 알맞은 것을 넣으세요.

(1) Церковь находится _____ площади.

(2) Таня учится _____ школе.

(3) Боми встречает друга _____ улице.

★ учиться 공부하다 ┃ встречать 만나다

4 미래 시제의 문장은 현재 시제로, 현재 시제 문장은 미래 시제로 만들어 보세요.

(1) Я провожаю отца.

→ _____.

(2) Мы будем писать письмо.

→ _____.

(3) Они отдыхают дома.

→ _____.

(4) Она будет рисовать в аудитории.

→ _____.

★ провожать 배웅하다

● 녹음을 듣고 질문에 답하세요.

048

(1) 보미는 얼마 전에 어디에 갔습니까?

① 예카테린부르크   ② 상트 페테르부르크

③ 모스크바   ④ 노보시비르스크

(2) 볼쇼이 극장은 어디에 있나요?

① на Красной площади   ② в Кремле

③ на Театральной площади   ④ в ГУМе

★ Кремль 크레믈 | ГУМ 국영 백화점 | Красная площадь 붉은 광장 | Большой театр 볼쇼이 극장
Театральная площадь 극장광장

읽기

● 다음 대화를 잘 읽고 질문에 대답하세요.

Том   Привет, Дохён. Что ты делаешь?

Дохён   Я делаю домашнее задание.

Том   А ты не хочешь посмотреть футбол? Сегодня очень интересный и
важный матч. Играют Корея и Япония.

Дохён   Я очень хочу, но не могу. У меня завтра экзамен.

(1) 도현은 무엇을 하고 있나요?

①   ②   ③   ④

(2) 톰은 무엇을 하고 싶어 하나요?

① 숙제   ② 축구 관람   ③ 시내 관광   ④ 시험

(3) 도현은 내일 무엇을 하게 될까요?

→ _____

★ интересный 흥미로운 | важный 중요한 | матч 경기 | мочь (могу) ~할 수 있다 | экзамен 시험

봄을 맞이하는 축제 '마슬레니차'

마슬레니차는 유난히 춥고 긴 겨울을 보내는 러시아인들이 대지가 깨어나는 따뜻한 봄을 기쁘고 떠들썩하게 맞이하는 축제입니다. 고대 농경 사회에서 봄에 씨앗을 뿌리기 전 농사가 잘되기를 기원하며 제사를 지내는 풍습에서 유래된 이 축제는 러시아가 정교를 받아들인 이후에도 민간 신앙의 흔적을 간직하면서 전해져 내려오고 있습니다. 금욕 기간인 사순절(Великий пост) 전 일주일 동안 러시아 전역에서 축제가 펼쳐지는데 이 기간 동안 사람들은 다양한 놀이를 하며 즐겁게 배불리 먹고 흥겹게 다가오는 봄을 맞이합니다.

육식을 할 수 없는 이 기간 동안 버터로 만든 음식들을 많이 준비하는데 마슬레니차라는 축제의 이름도 버터라는 뜻의 마슬러масло에서 유래되었다고 전해집니다. 마슬레니차를 대표하는 음식으로 밀가루, 계란에 버터를 듬뿍 넣어 굽는 러시아식 팬케이크 블린늬блины를 꼽을 수 있는데, 노랗고 둥근 블린늬는 기나긴 겨울의 암흑이 걷힌 이후 나타난 따뜻한 태양을 상징합니다. 잼이나 연어알 등을 같이 얹어서 먹는 블린늬는 축제의 대표 음식인 만큼 각지에서 굽기 대회도 개최됩니다.

마슬레니차에 즐길 수 있는 전통 놀이 중 하나로 남자들의 주먹 싸움을 들 수 있습니다. 남자들이 두 팀으로 나뉘어 한바탕 싸움을 벌이는데 이는 겨울 동안 잠자고 있던 대지를 깨워서 봄이 빨리 오기를 기원하는 의미가 있다고 합니다. 또 축제 마지막 날에는 지푸라기 인형을 태우는 행사를 갖습니다. 축제 첫날 만들었던 인형 주머니에 걱정거리를 적어 넣어 두었다가 인형과 함께 태우면서 추운 겨울의 근심을 모두 잊고 새롭게 봄을 맞이하는 것입니다. 이 기간에 실컷 놀지 않으면 평생 불행하다는 말이 있을 정도로 흥겨
운 축제인 마슬레니차는 러시아인이 긴 겨울을 보내고 한 해를 시작하는 소중한 행사입니다.

Где он живёт?

동영상 강의

- ЖИТЬ 동사 변화

- 수사 I

- МОЧЬ 동사

- 인칭 대명사의 조격과 전치격

Где он **живёт?**
그는 어디 사나요?

Он **живёт** в Петербу́рге.
그는 페테르부르크에 삽니다.

● жить 동사 변화

'살다', '거주하다'의 의미를 가지는 동사 **жить**는 동사 원형에서 어미인 **-ть**를 떼어내고 자음 **в**를 넣은 후 1식 변화 유형에 맞는 어미를 붙입니다.

жить 살다

	жив	+ -у, -ёшь, -ёт, -ём, -ёте, -ут			
	어간		어미		
я	-у́	живу́	мы	-ём	живём
ты	-ёшь	живёшь	вы	-ёте	живёте
он, она́	-ёт	живёт	они́	-ут	живу́т

> **참고**
> 1식 변화 유형의 어미는 -у(-ю), -ешь, -ет, -ем, -ете, -ут(-ют) 를 기본으로 하지만 동사에 따라 -е가 -ё로 바뀌기도 합니다.

Я **живу́** в го́роде, а он **живёт** в дере́вне. 나는 도시에 살고, 그는 시골에 산다.

● 수사 I

0	ноль (нуль)		
1	оди́н одна́ одно́	11	оди́ннадцать
2	два две	12	двена́дцать
3	три	13	трина́дцать
4	четы́ре	14	четы́рнадцать
5	пять	15	пятна́дцать
6	шесть	16	шестна́дцать
7	семь	17	семна́дцать
8	во́семь	18	восемна́дцать
9	де́вять	19	девятна́дцать
10	де́сять	20	два́дцать

> **참고**
> • 수사 1은 뒤에 남성 명사가 올 때는 оди́н, 여성 명사가 올 때는 одна́. 중성 명사가 올 때는 одно́가 됩니다.
>
> | 남성 명사 | 여성 명사 | 중성 명사 |
> |---|---|---|
> | оди́н дом 집 하나 | одна́ кварти́ра 아파트 하나 | одно́ зда́ние 건물 하나 |
>
> • 수사 2는 뒤에 남성, 중성 명사가 올 때는 два, 여성 명사가 올 때는 две가 됩니다.
>
> | 남성 명사 | 여성 명사 |
> |---|---|
> | два стола́ 책상 두 개 | две ру́чки 펜 두 개 |

Ты **мо́жешь** чита́ть
по-коре́йски?

너는 한국어로 읽을 수 있니?

Да, **могу́**.

응, 읽을 수 있어.

мочь 동사

'할 수 있다'라는 의미를 가지는 동사 **мочь**는 단독으로는 쓰이지 않으며, 뒤에 동사 원형이 옵니다. 동사 원형에서 어미인 **-чь**를 떼어 내고 1인칭 단수와 3인칭 복수에서는 **-г**를, 나머지 경우에는 **-ж**를 첨가하고, 1식 변화유형에 맞는 어미를 붙입니다.

мочь 할 수 있다

мог(ж)	+	-у, -ешь, -ет, -ем, -ете, -ут			
	어간			어미	
я	-у	могу́	мы	-ем	мо́жем
ты	-ешь	мо́жешь	вы	-ете	мо́жете
он, она́	-ет	мо́жет	они́	-ут	мо́гут

Я **могу́** чита́ть кни́гу.
나는 책을 읽을 수 있다.

Она́ **мо́жет** игра́ть в те́ннис.
그녀는 테니스를 칠 수 있다.

인칭 대명사의 조격과 전치격

	조격	전치격
я	мной	(обо) мне
ты	тобо́й	(о) тебе́
он, она́	им, ей(ею)	(о) нём, (о) ней
мы	на́ми	(о) нас
вы	ва́ми	(о) вас
они́	и́ми	(о) них

Я хочу́ игра́ть в ша́хматы с **тобо́й**.
나는 너와 장기를 두고 싶다. (조격)

Вчера́ она́ говори́ла о **вас**.
어제 그녀는 당신에 대해 말했다. (전치격)

За́втра они́ бу́дут с **на́ми**.
내일 그들은 우리와 함께 있을 것이다. (조격)

참고

'~와 같이'를 뜻하는 전치사 **с**는 뒤에 조격이 옵니다. 1인칭 단수 **мной**가 오면 전치사 **с**는 **со**가 됩니다. '~에 대해서'를 의미하는 전치사 **о**는 자음이나 **е**, **ё**, **ю**, **я**로 시작하는 명사 앞에서는 그대로 유지되고 **е**, **ё**, **ю**, **я** 이외의 모음으로 시작되는 명사 앞에서는 **об**, 1인칭 단수 **мне** 앞에서는 **обо**가 됩니다.

со мной 나와 함께   **о** языке́ 언어에 대해서

об уро́ке 수업에 대해서   **обо** мне 나에 대해서

주의

전치사 **с**, **о**와 함께 3인칭 대명사가 연이어 나올 때에는 철자 **н**이 첨가됩니다.

с ним 그와 함께   **с ней** 그녀와 함께   **с ни́ми** 그들과 함께

о нём 그에 대해서   **о ней** 그녀에 대해서   **о них** 그들에 대해서

Где живёт Дохён?

В це́нтре го́рода.

Таня	Добрый день, Том. Ты был вчера у Дохёна?

Таня До́брый день, Том. Ты был вчера́ у Дохёна?

Том Да, был. Он нас пригласи́л на новосе́лье.

Таня А где он живёт?

Том Он живёт в це́нтре го́рода, недалеко́ от Кремля́.

Таня Что вы купи́ли на у́жин?

Том Мы купи́ли сыр, колбасу́ и торт.

타냐	안녕, 톰. 어제 도현이네 집에 갔었니?
톰	응, 갔었어. 우리를 집들이에 초대했잖아.
타냐	그는 어디에 살아?
톰	시내(도심)에 살아. 크레믈에서 멀지 않은 곳이야.
타냐	너희들은 저녁 식사를 위해 무엇을 사갔니?
톰	우리는 치즈, 소시지, 그리고 케이크를 사갔어.

새 단어 및 표현

y + 사람(생격) 누구의 집에
пригласи́ть 초대하다
новосе́лье 집들이
(не)далеко 멀리(가까이)
(не)далеко́ от 생격
~에서 먼 곳에 (멀지 않은 곳에)
купи́ть 사다
у́жин 저녁식사
на у́жин 저녁 식사 용으로
сыр 치즈
колбаса́ 소시지
торт 케이크

대화 **TIP**

• '~에 초대하다'라는 표현은 동사 **пригласи́ть** 뒤에 '전치사 **на** + 대격'을 씁니다.
  пригласи́ть на день рожде́ния 생일에 초대하다
  пригласи́ть на конце́рт 콘서트에 초대하다

• '~식사 용으로', '~식사를 위해'의 경우에도 '전치사 **на** + 대격'을 씁니다.
  на за́втрак 아침 식사로   **на обе́д** 점심 식사로

Дохён, ты мо́жешь игра́ть в бейсбо́л?

Да, могу́.

Боми	Что ты де́лаешь в свобо́дное вре́мя?
Дохён	Обы́чно я занима́юсь спо́ртом. Я о́чень люблю́ спорт.
Боми	Како́й твой люби́мый вид спо́рта?
Дохён	Я бо́льше всего́ люблю́ бейсбо́л.
Боми	Ты мо́жешь игра́ть в бейсбо́л?
Дохён	Да, могу́. Я пи́тчер. Оле́г то́же со мной ча́сто игра́ет.

보미	너는 여가 시간에 무엇을 하니?
도현	보통 운동을 해. 나는 운동을 아주 좋아해.
보미	네가 제일 좋아하는 운동은 뭐니?
도현	나는 무엇보다도 야구를 제일 좋아해.
보미	넌 야구 할 줄 아니?
도현	응, 할 줄 알아. 나는 투수야. 알렉도 나랑 자주 야구를 해.

참고

'~을/를 할 줄 안다'라는 뜻 즉, 습득된 능력을 표현할 때에는 уме́ть가 더 자연스럽습니다.

Он уме́ет ходи́ть.
그는 걸을 수 있다(걸을 줄 안다).

Я не уме́ю пла́вать.
나는 수영을 할 수 없다(할 줄 모른다).

이 대화에서도 уме́ть를 쓸 수 있습니다.

새 단어 및 표현

свобо́дный 자유로운, 여가의
вре́мя 시간
в свобо́дное вре́мя 여가 시간에
обы́чно 보통, 일반적으로
занима́ться спо́ртом
운동을 하다
люби́мый 가장 좋아하는
вид 형태, 종목
вид спо́рта 운동 종목
бо́льше всего́ 무엇보다도
пи́тчер 투수
ча́сто 자주

대화 **TIP**

'~을/를 하다', '~을/를 공부하다'의 의미를 가지는 동사 занима́ться는 뒤에 조격이 옵니다. 뒤에 오는 조격 명사는 공부하는 분야나 특정 행위를 나타냅니다.

занима́ться англи́йским языко́м 영어 공부를 하다
занима́ться спо́ртом 운동을 하다

전치격과 조격을 이용한 다양한 장소 표현

на столе́

책상 위에

в столе́

책상 안

над столо́м

책상 위

под столо́м

책상 아래

пе́ред столо́м

책상 앞

за столо́м

책상 뒤

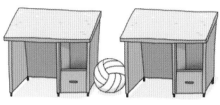
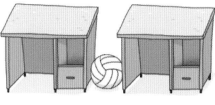

ме́жду стола́ми

책상과 책상 사이

ря́дом со столо́м

책상 근처

참고

ме́жду는 '~와/과 ~의 사이'라는 뜻의
전치사이며 стола́ми는 стол의 복수
조격입니다.

가르쳐 달라는 요청의 표현

Скажи́те, пожа́луйста, что э́то?

Э́то матрёшка.

A 이것은 무엇인지 말씀해 주실래요?
B 이것은 마트료시카입니다.

Скажи́те, пожа́луйста, как по-ру́сски «book»?

Извини́те, я не зна́ю.

A 러시아어로 'book'이 무엇인지 말씀해 주실래요?
B 미안하지만 나는 모릅니다.

Вы не ска́жете, кто э́то?

Э́то мой оте́ц.

A 이 사람이 누구인지 말씀해 주실 수 없을까요?
B 이 사람은 나의 아버지입니다.

Извини́те, я хочу́ спроси́ть, э́то кинотеа́тр?

К сожале́нию, я не зна́ю.

A 죄송합니다만 이것이 영화관인지 물어보고 싶은데요.
B 죄송하지만 저는 모릅니다.

연습 **문제**

 문법

1 жить 동사를 알맞게 동사 변화 시켜서 빈칸에 넣으세요.

(1) Он _____ в городе.

(2) Мы _____ в деревне.

(3) Они _____ рядом со мной.

2 알맞은 것끼리 연결하세요.

(1) одно   (2) один   (3) одна
    •   •   •

    •   •   •
① ![книга]   ② ![стол]   ③ ![платье]

   книга   стол   платье

★ платье 원피스

3 수사를 알맞게 짝지어 보세요.

(1) 5   •   •   ① 19
(2) 13   •   •   ② 6
(3) шесть   •   •   ③ пять
(4) десять   •   •   ④ 10
(5) девятнадцать •   •   ⑤ тринадцать

4 빈칸의 표현을 알맞게 격 변화 시키세요.

(1) Он хочет слушать музыку со _____. (я)

(2) Завтра он будет с _____. (мы)

(3) Они говорят о _____. (она)

(4) Вчера мы были с _____. (они)

(5) Я думаю о _____. (он)

● 녹음을 듣고 질문에 답하세요.

053

(1) 누구에 대한 이야기인가요?

① 도현　　　　　② 톰　　　　　③ 보미　　　　　④ 알렉

(2) 주인공은 어디에 지금 살고 있나요?

① в Москве　　　　　② в Чикаго

③ в Петербурге　　　　　④ в Нью-Йорке

(3) 주인공에 대한 이야기로 맞으면 ○표, 틀리면 ✕표를 하세요.

① 예전에 뉴욕에 살았다.　　　　　(　　　)

② 부모님은 시카고에 사신다.　　　　　(　　　)

★ раньше 예전에 ｜ родиться 태어나다 ｜ Чикаго 시카고 ｜ Нью-Йорк 뉴욕

● 다음 대화를 잘 읽고 질문에 대답하세요.

Наташа	Давайте познакомимся. Меня зовут Наташа. Я русская.
Боми	Очень приятно. А меня зовут Боми. Я кореянка.
Наташа	Боми, ты живёшь в Сеуле?
Боми	Нет, я раньше жила в Сеуле, но сейчас живу и работаю в Москве.
Наташа	А где ты работаешь?
Боми	Сейчас я работаю в фирме.

(1) 나타샤는 어느 나라 사람인가요?　　(　　　　　　　)

(2) 보미는 예전에 어디에 살았나요?

① 서울　　　　　② 페테르부르크　　　　　③ 모스크바　　　　　④ 부산

(3) 현재 보미가 일하고 있는 곳은 어디인가요?

① 회사　　　　　② 연구소　　　　　③ 공장　　　　　④ 학교

★ институт 연구소 ｜ фирма 회사

러시아하면 떠오르는 상징,
마트료시카 матрёшка와 다차 дача

'러시아' 하면 떠오르는 것은 사람마다 다르겠죠? 여기서는 러시아의 대표 민속 공예품인 마트료시카와 러시아식 별장 다차를 중심으로 러시아 문화에 좀 더 가까이 가 보겠습니다.

마트료시카 матрёшка

마트료시카는 러시아를 대표하는 민속 공예품이자 기념품입니다. 속이 빈 목각 인형 안에 더 작은 인형들이 들어 있고, 몸체를 위아래로 분리해서 안에 있는 인형들을 꺼낼 수 있게 되어 있습니다. 하나의 마트료시카 안에 적게는 3개에서 많게는 20개 이상의 인형이 들어 있습니다. '마트료시카'라는 이름은 서민적인 러시아 여성 이름인 마트로나Матрёна에서 비롯되었습니다. 이 이름은 라틴어의 '어머니(mater)'라는 단어에서 유래했습니다. 전통적인 마트료시카는 여성의 형상을 하고 있고, 엄마가 아이를 품고 있는 것처럼 안으로 갈수록 작은 인형들이 나오다가 마지막에는 강보에 싸인 아기 인형이 나오도록 만듭니다. 최근에는 러시아 정치인들의 모습을 각각의 인형에 다르게 새겨 넣은 마트료시카가 등장하기도 했습니다.

다차 дача

다차는 러시아 및 구 소련권 국가들 사이에서 보편화되어 있는 텃밭이 딸린 간이 별장입니다. 사람들은 주말이나 휴가를 이 교외 별장에서 보내며 휴식을 만끽합니다. '다차'라는 이름은 '주다'라는 뜻의 동사 дать에서 비롯되었습니다. 과거 특별한 지위를 가지고 있는 공무원, 특권층, 문화계 인사들에게 주어지던 다차는 1950~60년대에 일반 국민들에게도 무상으로 땅이 배급되면서 보편화되기 시작했습니다. 소련 체제의 쇠퇴와 붕괴, 그리고 자본주의 경제의 도입이라는 격변이 일었던 1980년대부터 2000년대에 이르기까지 경제 위기를 극복하는 데에 있어서 다차가 중요한 역할을 했다고 여겨집니다. 식량이 고갈되고, 공산품이 부족한 어려운 현실에 처했던 러시아 사람은, 다차에서 농작물을 가꾸어 스스로 소비하고, 또 남은 수확물을 내다 팔아서 자금을 마련할 수 있었습니다. 지금도 약 70% 정도의 도시인들이 다차를 소유하고 있다고 합니다.

Ско́лько вам лет?

동영상 강의

- 명사의 복수

- 인칭 대명사의 여격

- 나이 표현

- нра́виться 활용 표현

Вам ча́сто пи́шут студе́нты?
학생들이 당신에게 자주
편지를 보냅니까?

Да, и пи́шут и звоня́т.
네, 편지도 쓰고, 전화도 합니다.

● 명사의 복수

대부분의 남성 명사와 여성 명사는 어미 **-ы, -и**를 이용해서, 중성 명사는 어미 **-а, -я**를 이용해서 복수형을 만
듭니다.

성	어미	단수	복수	어미	단수	복수
남성 명사	-ы	студе́нт 대학생 стол 책상	студе́нты столы́	-и	музе́й 박물관 слова́рь 사전	музе́и словари́
여성 명사	-ы	газе́та 신문 сестра́ 누이	газе́ты сёстры	-и	пе́сня 노래 тетра́дь 공책	пе́сни тетра́ди
중성 명사	-а	окно́ 창문 сло́во 단어	о́кна слова́	-я	мо́ре 바다 по́ле 들판	моря́ поля́

> **주의**
> 항상 복수형으로만
> 사용되는 명사들도
> 있습니다.
> **брю́ки** 바지
> **очки́** 안경
> **часы́** 시계
> **де́ньги** 돈
> **кани́кулы** 방학

정자법 규칙에 따라 **г, к, х, ж, ч, ш, щ** 뒤에는 **-ы**가 올 수 없습니다. 이 자음으로 끝나는 명사들은 **-ы** 대신
-и를 붙입니다.

нож врач кни́га студе́нтка	-и	ножи́ врачи́ кни́ги студе́нтки

● 인칭 대명사의 여격

여격은 행위를 받는 대상을 나타낼 때 쓰이며, '~에게'라는 의미를 가집니다.

я	мне	мы	нам
ты	тебе́	вы	вам
он, она́	ему́, ей	они́	им

Он ча́сто пи́шет мне пи́сьма. 그는 내게 자주 편지를 쓴다.

Вчера́ я звони́ла вам. 어제 나는 당신에게 전화를 했다.

Ско́лько вам лет?
당신은 몇 살입니까?

Мне 20 лет.
나는 스무 살입니다.

● 나이 표현

나이를 묻는 표현은 **Ско́лько вам лет?**입니다. '얼마나'에 해당되는 의문 대명사 **ско́лько** 뒤에 인칭 대명사 여격을 붙이고 '해', '년'의 의미를 가지는 **лет**을 넣는 것입니다. 대답은 나이에 따라 크게 세 가지로 가능합니다.

Ско́лько вам лет? 당신은 몇 살입니까?   **Ско́лько тебе́ лет?** 너는 몇 살이니?

(1) **Мне ... год**. : 1, 21, 31, 41 .... 뒤에는 **год**을 붙입니다. (11을 제외하고 1로 끝나는 수사)

  Мне 21 год. 나는 스물한 살입니다.   **Мне 31 год.** 나는 서른한 살입니다.

(2) **Мне ... го́да**. : 2, 3, 4, 22, 23, 24, 32, 33, 34 .... 뒤에는 **го́да**를 붙입니다.
  (12, 13, 14를 제외하고 2, 3, 4로 끝나는 수사)

  Мне 2 го́да. 나는 두 살입니다.   **Мне 24 го́да.** 나는 스물네 살입니다.

(3) **Мне ... лет**. : 5, 6, 7 .... 20, 25, 26, 27.... 30, 35, 36, 37.... 40 .... 다음에는 **лет**을 붙입니다.
  (5부터 20까지의 수사와 5, 6, 7, 8, 9, 0으로 끝나는 수사)

  Мне 5 лет. 나는 다섯 살입니다.
  Мне 25 лет. 나는 스물다섯 살입니다.

> **참고**
> ско́лько 뒤에 오는 여격을 통해서 누구의 나이를 묻는지를 표현합니다.
>
> A Ско́лько тебе́ лет? 너는 몇 살이니?
> B Мне 11 лет. 나는 열한 살이야.
>
> A Ско́лько ей лет? 그녀는 몇 살인가요?
> B Ей 35 лет. 그녀는 서른다섯 살입니다.

● нра́виться 활용 표현

'~이/가 마음에 들다', '~을/를 좋아하다'라는 표현을 만들기 위해서는 의미상 좋아하는 주체는 여격으로 놓고 그 뒤에 동사 нра́виться, 그리고 그 뒤에 좋아하는 대상을 주격으로 놓으면 됩니다. 직역하면 '~에게는 ~이/가 마음에 든다'가 됩니다.

여격(의미상 주어) + **нра́виться** + **주격**(대상)

Мне нра́вится большо́й дом. 나는 큰 집이 마음에 든다.
Ей нра́вится ру́сский язы́к. 그녀는 러시아어가 마음에 든다.

Ско́лько ему́ лет?

Ему́ 24 го́да.

Боми	Том, у тебя́ есть брат?
Том	Да, есть.
Боми	Ско́лько ему́ лет?
Том	Ему́ 24 го́да. Он ста́рше меня́ на 3 го́да.
Боми	Он рабо́тает или у́чится?
Том	Он рабо́тает в ба́нке. Он экономи́ст.

보미	톰, 너는 형제가 있니?
톰	응, 있어.
보미	그는 몇 살이야?
톰	그는 스물 네 살이야. 나모나 세 살이 더 많아.
보미	그는 직장에 다니니, 아니면 학생이니?
톰	그는 은행에서 일을 해. 그는 경제학 전공이야.

대화 TIP

- 나이의 많고 적음을 표현할 때 비교급 **ста́рше**(더 나이든), **моло́же**(더 어린)를 씁니다. **ста́рше**와 **моло́же** 뒤에 비교 대상을 생격 형태로 붙이고, 나이차는 '전치사 **на** + 대격' 으로 표현합니다. 비교급과 최상급을 다루는 18과에서 더 자세하게 살펴봅니다.

  Она́ ста́рше меня́ на 3 го́да. 그녀는 나보다 세 살 더 많다.
  Мой брат моло́же меня́ на 5 лет. 내 동생은 나보다 다섯 살 더 적다.
  Нина ста́рше тебя́ на 1 год. 니나는 너보다 한 살 더 많다.

- 접속사 **и́ли**는 '또는', '아니면'의 뜻을 가집니다. 위의 문장 '**Он рабо́тает и́ли у́чится?**'를 직역하면 '그는 일을 하나요? 아니면 공부를 하나요?'입니다. '일하다'를 뜻하는 동사 **рабо́тать**와 '공부하다'를 뜻하는 동사 **учи́ться**가 접속사 **и́ли**를 통해 대비되면서 직장 생활을 하는지, 아니면 공부하는 학생인지를 묻는 표현이 됩니다.

새 단어 및 표현

ста́рше меня́ на 3 го́да
나보다 세 살 많다

и́ли 또는, 아니면

учи́ться 공부하다

банк 은행

экономи́ст 경제학자, 경제학 전공자

Я хочу́ купи́ть сувени́ры.

Мне нра́вятся матрёшки.

Дохён	Таня, я хочу́ купи́ть сувени́ры. Что тебе́ нра́вится?
Таня	Мне нра́вятся матрёшки. А тебе́?
Дохён	Мне нра́вятся шкату́лки. Где мо́жно их купи́ть?
Таня	Дохён, есть о́чень хоро́ший магази́н. Он называ́ется «Ру́сские сувени́ры».
Дохён	Что там ещё есть?
Таня	Там ещё продаю́т подно́сы и самова́ры.

도현	타냐야, 나는 기념품을 사고 싶어. 너는 어떤 게 마음에 드니?
타냐	나는 마트료시카가 마음에 들어. 너는?
도현	나는 장식함이 맘에 들어. 어디서 그것들을 살 수 있을까?
타냐	도현아, 아주 좋은 상점이 있어. 《러시아 기념품》이라는 가게야.
도현	거기에는 무엇이 또 있는데?
타냐	거기서는 쟁반과 주전자도 팔아.

대화 TIP

• продава́ть(팔다)와 같은 -авать형 동사는 -вать를 떼어 내고 1식 변화 유형에 맞는 어미를 붙입니다.

продава́ть 팔다

я	-ю	продаю́	мы	-ём	продаём
ты	-ёшь	продаёшь	вы	-ёте	продаёте
он, она́	-ёт	продаёт	они́	-ют	продаю́т

дава́ть(주다), преподава́ть(가르치다), передава́ть(전달하다), встава́ть(일어나다) 등의 동사들도 이와 같이 변화합니다.

• 행위를 하는 주체가 누구인지 중요하지 않을 때 주어를 생략하고 3인칭 복수형 동사만 써서 문장을 만들 수 있습니다. 이런 유형의 문장을 부정 인칭문이라고 합니다.

В магази́не продаю́т сувени́ры. 가게에서는 기념품을 판다.

새 단어 및 표현

купи́ть 사다
сувени́р 기념품
матрёшка 마트료시카
шкату́лка 장식함
Где мо́жно купи́ть?
어디에서 살 수 있나요?
магази́н 상점
называ́ться ~라고 불리다
продава́ть 팔다
Там продаю́т....
거기서는 ~을/를 판다.
подно́с 쟁반
самова́р 주전자

시간 표현

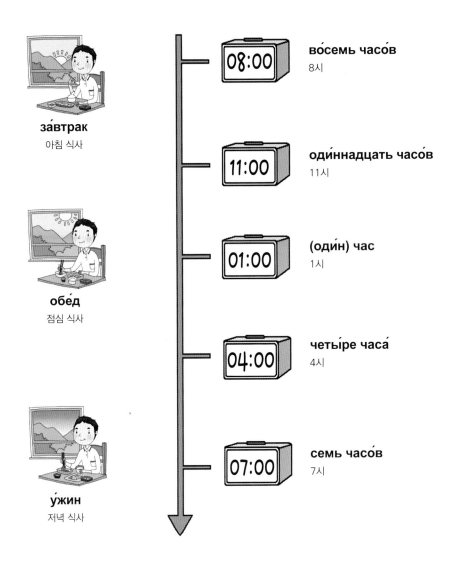

за́втрак
아침 식사

обе́д
점심 식사

у́жин
저녁 식사

08:00 — **во́семь часо́в**
8시

11:00 — **оди́ннадцать часо́в**
11시

01:00 — **(оди́н) час**
1시

04:00 — **четы́ре часа́**
4시

07:00 — **семь часо́в**
7시

참고

час는 러시아어로 '시간, 시'를 의미합니다. час도 앞에 나오는 수에 따라 그 형태가 바뀝니다. 1 다음에는
단수 주격인 час, 2~4 다음에는 단수 생격인 часа́, 5~20 다음에는 복수 생격인 часо́в가 옵니다.
21 이후에는 마찬가지로 끝자리 수에 따라 час, часа́, часо́в가 옵니다.

(оди́н) час 1시	2~4 часа́ 2~4시	5~20 часо́в 5~20시
21 час 21시	22~24 часа́ 22~24시	

보통 1시를 말할 때에는 1을 뜻하는 оди́н을 생략합니다.

유용한 표현

Полезные выражения

057

시간 묻고 답하는 표현

Ско́лько вре́мени?

Сейча́с час.

A 몇 시인가요?
B 지금 1시입니다.

A의 기타 표현

Кото́рый час? 몇 시인가요?

Во ско́лько ты обе́даешь?

Я обе́даю в 2 часа́.

A 몇 시에 너는 점심 식사를 하니?
B 나는 2시에 점심 식사를 해.

참고
'몇 시에'는 시간 표현 앞에
전치사 в(о)를 붙이면 됩니다.

Я у́жинаю приме́рно
в 7 часо́в.

Когда́ ты
у́жинаешь?

A 너는 언제 저녁을 먹니?
B 나는 7시 정도에 저녁을 먹어.

참고
приме́рно는 시간 앞에 붙어서
'대략', '~시 경'의 뜻을 나타냅니다.

문법

1 다음 단수 명사들을 복수형으로 바꾸세요.

(1)	стол	→ _____	(2)	окно	→ _____
(3)	студентка	→ _____	(4)	студент	→ _____
(5)	песня	→ _____	(6)	море	→ _____
(7)	словарь	→ _____	(8)	тетрадь	→ _____
(9)	музей	→ _____	(10)	книга	→ _____

2 괄호 안의 인칭 대명사를 알맞은 형태로 바꾸세요.

(1) Мой брат подарил _____(я) цветы.

(2) Он дал _____(мы) новый журнал.

(3) Вчера я звонила _____(ты).

(4) Врач советовал _____(вы) не курить.

★ подарить 선물하다 | цветы 꽃(복수) | звонить 전화하다 | советовать 조언하다

3 주어진 수를 이용해서 질문에 답하세요.

Сколько вам лет?	Сколько ему лет?
(1) 6 _____	(3) 13 _____
(2) 21 _____	(4) 22 _____

듣기 ● 녹음을 듣고 질문에 답하세요.

(1) 나탈리야 이바노브나의 직업은 무엇인가요?

① 　② 　③ 　④

(2) 나탈리야 이바노브나는 무엇을 선물 받았나요?

① 책　　　　② 꽃　　　　③ 신문　　　　④ 연필

읽기 ● 다음 글을 잘 읽고 질문에 대답하세요.

> Меня зовут Иван. Я студент. Мне 22 года. Я учусь в университете. А это мой друг Олег. Он повар. Ему 23 года. Он работает в ресторане. Его подруга Нина работает в фирме. Ей 24 года. Ей нравится Олег.

(1) 이반의 직업은 무엇인가요?

① 요리사　　　② 회사원　　　③ 엔지니어　　　④ 대학생

(2) 알렉은 어디에서 일을 하나요?

① 대학교　　　② 공장　　　③ 식당　　　④ 회사

(3) 각 인물의 나이를 빈칸에 쓰고, 하는 일에 ○표 하세요.

등장인물	나이	하는 일	
이반		учится в университете	( )
		работает в ресторане	( )
알렉		работает в ресторане	( )
		работает в фирме	( )
니나		работает в фирме	( )
		учится в университете	( )

리듬 체조 강국 러시아

예술적인 동작이 가미되어 심미적 특성을 강조하는 스포츠인 리듬 체조
분야에서 러시아는 독보적인 위치를 차지하고 있습니다.
러시아는 2000년 이후 올림픽 리듬 체조 경기에서 다수의 금메달을 땄고,
그 이전에도 소련, 혹은 독립 국가 연합 소속으로 출전하며
세계 1위의 자리를 굳건하게 지켜왔습니다.

러시아 리듬 체조의 역사

체조는 러시아에서 신체를 단련하기 위한 수단으로써 20세기 초반부터 널리 퍼지기 시작하여 거의 모든 초·
중·고등학교에서 가르치기 시작했습니다. 리듬 체조는 체조에서 비롯되었는데, 전문가들은 러시아의 리듬 체
조가 발레 동작의 영향을 받으며 발전해 왔다고 말합니다. 그래서인지 러시아에서는 리듬 체조를 예술 체조
(художественная гимнастика)라고 불립니다. 1934년 러시아의 페테르부르크에 위치한 레스가프트 체육
대학에서 '예술 동작'이라는 이름으로 전문 과정이 개설되었습니다. 이곳에서 기존에 미학적 체조, 리듬 체조,
댄스 체조, 자유 댄스 등을 가르쳤던 전문가들이 모여서 다양한 체조와 춤의 동작, 움직임을 접목시키게 됩니
다. 예술 체조라는 이름으로 체조에 리듬과 예술적 동작이 가미된 리듬 체조가 하나의 스포츠로서 러시아에서
시작된 것이 바로 이때부터였습니다.

올림픽 리듬 체조 금메달은 항상 러시아 선수가 차지

리듬 체조는 1984년 LA 올림픽에서 정식 종목으로 채택되
었습니다. 1992년까지만 해도 하나의 이름으로 올림픽에 참
여했던 구 소련권 국가들은 이후 독자적인 국가의 이름으로
올림픽에 참가하기 시작했습니다. 2000년 시드니 올림픽에
서는 러시아의 율리아 바스코바가, 2004년 아테네 올림픽
에서는 알리나 카바예바가 금메달을 목에 걸었습니다. 그리
고 2008년 베이징 올림픽, 2012년 런던 올림픽에서는 리
듬 체조 역사상 최초로 한 사람이 두 개 올림픽에서 연이어
2연패를 하는데 그 사람이 바로 예브게니아 카나예바입니
다. 2016년 리우 올림픽에서는 러시아의 마르가리타 마문
이 금메달을 목에 걸었습니다.

Кому́ ты пи́шешь?

동영상 강의

- 의문 대명사 **кто**와 **что**의 격 변화
- 명사의 여격
- 방향의 대격
- 동작 동사 I: **идти́**와 **ходи́ть**

Кому́ ты пи́шешь?
누구에게 편지를 쓰니?

Я пишу́ **Ива́ну.**
이반에게 쓰고 있어.

● 의문 대명사 кто와 что의 격 변화

사람을 나타내는 의문 대명사 **кто**와 사물을 나타내는 의문 대명사 **что** 역시 격 변화합니다.

	주격	생격	여격	대격	조격	전치격
누구	кто	кого́	кому́	кого́	кем	(о) ком
무엇	что	чего́	чему́	что	чем	(о) чём

Кого́ ты лю́бишь? 너는 누구를 좋아하니? 대격

О чём он говори́т? 그가 무엇에 대해 말하나요? 전치격

● 명사의 여격

명사의 여격은 행위를 받는 대상을 나타낼 때 사용됩니다. 남성과 중성 명사의 경우 어미 -у, -ю를, 여성 명사의 경우 -е, -и를 붙입니다.

	남성			여성			중성		
주격	студе́нт 대학생	оте́ц 아버지	писа́тель 작가	студе́нтка (여자)대학생	Ни́на 니나	Мари́я 마리야	окно́ 창문	мо́ре 바다	зда́ние 건물
여격	студе́нту	отцу́	писа́телю	студе́нтке	Ни́не	Мари́и	окну́	мо́рю	зда́нию

Я ча́сто звоню́ Ни́не.
나는 니나에게 자주 전화를 한다.

А́нна посла́ла бра́ту письмо́.
안나는 오빠에게 편지를 보냈다.

Оле́г купи́л отцу́ кни́гу.
알렉은 아버지께 책을 사 드렸다.

> **주의**
> · оте́ц처럼 어미가 -ец로 끝나는 남성 명사의 경우 어떤 격으로든 변화할 때 -е-가 탈락합니다. 그러면서 역점도 어미로 이동합니다.
>
> оте́ц → отца́ (생격)
> отцу́ (여격)　отцо́м (조격)　отце́ (전치격)
>
> · потоло́к(천장)처럼 -ок로 끝나는 남성 명사도 격 변화할 때 оте́ц와 유사하게 중간의 모음 -о-가 탈락합니다.
>
> потоло́к → потолка́ (생격)
> потолку́ (여격)　потолко́м (조격)　потолке́ (전치격)

Куда́ ты **идёшь?**
너는 어디로 가니?

Я иду́ **в магази́н.**
나는 가게에 가.

● 방향의 대격

전치사 **в, на**와 함께 장소를 나타내는 명사의 대격을 쓰면 '~(으)로'라는 방향의 의미를 표현할 수 있습니다.

в университе́т 대학교로   на рабо́ту 직장으로   на конце́рт 콘서트로

'어디로'의 의미를 나타내기 위해서는 의문 대명사 **куда́**를 씁니다.

A **Куда́** ты? 넌 어디로 가니?

B В шко́лу. 학교로.

● 동작 동사 I: **идти́와 ходи́ть**

'가다'의 의미를 가지는 동사 **идти́**와 **ходи́ть**는 운송 수단 없이 걸어서(**пешко́м**) 가는 행위를 지칭할 때 쓰입니다. 한 방향으로 가는 행위에는 **идти́**가, 여러 방향으로 가거나, 갔다가 오는 행위, 반복되는 행위에는 **ходи́ть**가 쓰입니다. **идти́**는 1식, **ходи́ть**는 2식으로 변화합니다.

идти́ 가다

я	иду́	в теа́тр 극장으로	мы	идём	на вы́ставку 전시회로
ты	идёшь	в шко́лу 학교로	вы	идёте	на стадио́н 경기장으로
он, она́	идёт	в университе́т 대학교로	они́	иду́т	на конце́рт 콘서트로

ходи́ть 가다, 다니다

я	хожу́	в институ́т 연구소로	мы	хо́дим	на уро́к 수업으로
ты	хо́дишь	в библиоте́ку 도서관으로	вы	хо́дите	на рабо́ту 직장으로
он, она́	хо́дит	в больни́цу 병원으로	они́	хо́дят	на заво́д 공장으로

Он **хо́дит** по ко́мнате.
그는 방 안을 이리저리 다닌다.

Она́ **хо́дит**
в университе́т пешко́м.
그녀는 대학교에 걸어서 다닌다.

Кому́ ты пи́шешь?

Дохён	Линлин, что ты де́лаешь?	도현	링링, 무엇을 하고 있니?
Линлин	Я пишу́ пи́сьма.	링링	나 편지 쓰고 있어.
Дохён	Кому́ ты пи́шешь?	도현	누구에게 쓰는데?
Линлин	Я пишу́ отцу́ и бра́ту. Они́ вме́сте живу́т в Кита́е.	링링	아버지와 오빠에게 써. 그들은 중국에서 같이 살고 있거든.
Дохён	А ма́тери?	도현	어머니께는?
Линлин	Она́ сейча́с в Росси́и в командиро́вке. Она́ журнали́ст и ча́сто быва́ет за грани́цей	링링	어머니는 지금 러시아에 출장 와 있으셔. 기자이셔서 자주 외국을 다니시거든.

대화 TIP

- **мать**(어머니), **дочь**(딸)은 특수한 격 변화 형태를 가집니다.

	주격	생격	여격	대격	조격	전치격
어머니	мать	ма́тери	ма́тери	мать	ма́терью	(о) ма́тери
딸	дочь	до́чери	до́чери	дочь	до́черью	(о) до́чери

- **быва́ть** 동사는 '~에 있다', '~을/를 방문하다'의 뜻을 가지며 뒤에 '전치사 **в**, **на** + 전치격', '**у** + 생격' 등 장소를 나타내는 구문을 씁니다.

  Я ча́сто быва́ю **в библиоте́ке**. 나는 자주 도서관에 간다.
  Он иногда́ быва́ет **у меня́**. 그는 가끔 우리 집에 온다.

새 단어 및 표현

пи́сьма письмо́ (편지)의 복수
командиро́вка 출장
в командиро́вке 출장으로
быва́ть ~에 있다, ~을/를 방문하다
грани́ца 경계, 국경
за грани́цей 외국에

Куда́ ты идёшь?

Куда́ ты идёшь?

Олег	Боми, куда́ ты идёшь?
Боми	Я иду́ в магази́н о́буви. За́втра у Дохёна день рожде́ния. На́до купи́ть ему́ пода́рок.
Олег	Ой, я совсе́м забы́л. Что ты хо́чешь купи́ть?
Боми	Вчера́ я ходи́ла в кни́жный магази́н. Там я купи́ла фотоальбо́м.
Олег	Что ещё ты хо́чешь купи́ть?
Боми	Ещё я хочу́ купи́ть ему́ боти́нки.

알렉	보미야, 어디 가고 있니?
보미	나 신발 가게에 가는 길이야. 내일 도현이 생일이거든. 그에게 선물을 사 줘야 해.
알렉	아, 나는 완전히 잊어버렸네. 뭘 사 주고 싶은데?
보미	어제 서점에 다녀왔거든. 거기서 사진첩을 샀어.
알렉	무엇을 더 사 주고 싶은데?
보미	도현이에게 부츠도 사 주고 싶어.

대화 TIP

идти́ 동사의 과거형은 성, 수에 따라 шёл(남성), шла(여성), шло(중성), шли(복수) 형태를 가집니다. 단순히 '~(으)로 갔다'라는 뜻으로도 쓰이고, 다른 문장과 함께 복문으로 쓰일 때 '~(으)로 가고 있을 때'의 의미를 나타냅니다.

Когда́ я **шёл** в кино́, я встре́тил дру́га.
내가 극장에 가고 있을 때, 친구를 만났다.

반면, ходи́ть 동사의 과거형 ходи́л, ходи́ла, ходи́ло, ходи́ли는 '~에 다녀왔다'의 의미를 나타냅니다.

Вчера́ я **ходи́л** в кино́. 나는 어제 극장에 다녀왔다.

새 단어 및 표현

о́бувь (여) 신발
рожде́ние 탄생, 출생
день рожде́ния 생일
пода́рок 선물
купи́ть (кому́) пода́рок
(~에게) 선물을 사 주다
ой 아, 아이고
совсе́м 완전히
забы́ть 잊다
кни́жный 책의
фотоальбо́м 사진첩
боти́нки 부츠

가족 관계

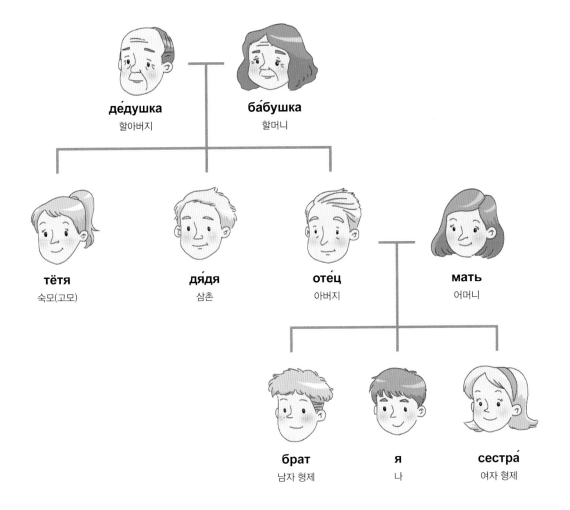

де́душка
할아버지

ба́бушка
할머니

тётя
숙모(고모)

дя́дя
삼촌

оте́ц
아버지

мать
어머니

брат
남자 형제

я
나

сестра́
여자 형제

муж 남편
жена́ 아내
жени́х 신랑
неве́ста 신부

свёкор, свекро́вь 시아버지, 시어머니
тесть, тёща 장인, 장모
зять 사위
неве́стка 며느리
сын, дочь 아들, 딸

기분과 상태 표현

Мне прия́тно.

Мне ве́село.

A 나는 기뻐.
B 나는 즐거워.

Вам гру́стно?

Да, мне гру́стно.

A 당신은 슬프신가요?
B 네, 저는 슬퍼요.

Ему́ бо́льно?

Да, бо́льно.

A 그는 고통스러운가요?
B 네, 고통스러워해요.

참고

문장 안에 문법상의 주어가 드러나지 않는 형태의 문장을 무인칭문이라고 합니다. 여격과 부사를 이용해 감정, 상태를 나타내는 무인칭문을 만들 수 있습니다. 부사는 남성 형용사에서 어미 -ый, -ий, -ой를 떼어 내고 -о를 붙이면 됩니다. 의미상의 주어 즉, 감정과 상태를 겪는 사람을 여격으로, 그리고 감정과 상태는 부사로 만들어 주면 간단하게 감정, 상태를 표현할 수 있습니다. 여격으로 나타나는 의미상의 주어는 생략되기도 합니다.

Мне хорошо́. 나는 (컨디션이) 좋다.　　　Ива́ну тяжело́. 이반은 힘들다.　　　Ску́чно. 지루하다.

문법 **1** 주어진 단어를 알맞게 격 변화하세요.

(1) A Кому ты пишешь?

   B _____. (отец)

(2) Я часто звоню _____. (Анна)

(3) A Куда ты идёшь?

   B Я иду на _____. (работа)

(4) Он послал письмо _____. (студентка)

(5) A Куда он ходил вчера вечером?

   B Он ходил в _____. (школа)

2 다음 빈칸에 идти와 ходить 중 알맞은 동작 동사를 시제에 맞게 넣으세요.

(1) Я всегда много _____. (현재)

(2) A Куда _____ Коля?

   B Он _____ домой. (현재)

(3) Мой младший сын _____ в школу, а старший

   _____ в университет. (현재)

(4) Раньше мы часто _____ в театр. (과거)

★ младший 더 어린 | старший 더 나이 든

3 의문 대명사 кто를 주어진 문장에 맞게 격 변화시키세요.

(1) С _____ ты был вчера?

(2) О _____ они говорят?

(3) У _____ она отдыхает?

(4) _____ ты пишешь?

(5) _____ вы видите сейчас?

듣기 ● 녹음을 듣고 질문에 답하세요.

(1) 아버지는 오늘 직장에 나가셨나요?   Да (   )   Нет (   )

(2) 타냐는 어디에 다니나요?

　　① на работу　　② на концерт　　③ в школу　　④ в театр

(3) 알렉은 누구와 통화를 했나요?

　　① Таня　　② Дохён　　③ Иван　　④ Нина

★ праздник 명절, 축제일 │ член 일원, 성원 │ приглашать 초대하다 │ в гости 손님으로

읽기 ● 다음 글을 잘 읽고 질문에 대답하세요.

　　Дохёну очень нравится Москва. Особенно он любит утренний город. Утром он часто ходит по городу. Сейчас он идёт в ГУМ, чтобы купить Олегу подарок. Завтра у Олега день рождения, и Дохён хочет подарить ему фотоаппарат.

(1) 도현이는 주로 언제 산책을 다니나요?

　　① 아침　　② 낮　　③ 저녁　　④ 밤

(2) 도현이가 알렉에게 선물하려고 하는 것은 무엇인가요?

　　① 라디오　　② 사진기　　③ 전화기　　④ 시계

(3) 다음 중 위의 내용과 맞는 것을 고르세요.

　　① 알렉은 도시를 좋아합니다.　　② 알렉의 생일은 내일입니다.

　　③ 도현이는 지금 재래시장에 갑니다.　　④ 도현이는 상트 페테르부르크를 좋아합니다.

★ утренний 아침의 │ ГУМ 국영백화점 │ фотоаппарат 사진기

러시아의 주요 기념일

여성의 날 (3월 8일)

러시아에서는 1913년 처음으로 기념되기 시작한 여성의 날은 1965년 부터 공휴일로 지정되었습니다. 1917년 3월 8일 여성의 날을 맞이하여 "빵과 평화를 위한" 파업을 진행한 러시아 여성들은 역사적으로 제정 러시아 체제의 붕괴에도 영향을 미쳤다고 평가됩니다. 이후 소련 시대를 거쳐 사람들이 지금까지 꾸준히 기념하는 여성의 날은 러시아의 중요한 국경일 중 하나입니다. 이날 러시아 남성들은 여성들에게 꽃이나 다양한 선물을 주면서 존경과 감사를 표합니다. 사람들이 꽃가게 앞에 길게 줄을 선 모습을 볼 수 있을 정도로 이날 꽃을 선물하는 것은 하나의 전통이 되었습니다. 남성들 사이에서는 이날 하루를 잘 보내야 일 년이 편하다는 말이 있을 정도라고 합니다.

전승기념일 (5월 9일)

나치 독일을 물리치고 제2차 세계 대전에서 러시아가 승리한 것을 기념하기 위해서 제정된 국경일입니다. 러시아에서 제2차 세계 대전은 '대조국전쟁(Великая Отечественная Война)'이라고 불립니다. 1945년 5월 9일 대조국전쟁에서 승리한 당시 소련은 대대적인 대독 승전 퍼레이드를 벌였고, 이후 간헐적으로 진행되어 오던 군사 퍼레이드는 1995년 이후 붉은 광장에서 매년 개최되고 있습니다. 신무기, 각종 탱크, 미사일, 전투기 등이 등장하는 군사 퍼레이드 외에도 전사자들을 기리는 다양한 행사가 개최됩니다.

러시아의 날 (6월 12일)

러시아의 날은 소비에트 연방 공화국 즉, 소련의 일부였던 러시아가 독자적인 국가로서 러시아의 자주권을 선언한 1990년 6월 12일을 기념하기 위해서 제정되었습니다. 이날은 '러시아 사회주의 연방 공화국 국가 주권 선언의 날'이라고 불리다가 2002년 이후부터 '러시아의 날'로 불리기 시작했습니다. 소련으로부터 독립한 날이라고 해서 '러시아 독립 기념일'이라는 명칭을 사용하기도 했습니다.

Урок 11

Слу́шайте, повторя́йте, чита́йте!

동영상 강의

- 동사의 명령형 만들기
- 지시 대명사 э́тот
- 수사 II: 20–1000
- 이것은 얼마인가요?

Чита́йте слова́.
단어를 읽어 보세요.

Я пло́хо чита́ю
по-ру́сски.
저는 러시아어를 잘 못 읽어요.

● 동사의 명령형 만들기

동사의 현재 시제 3인칭 복수 변화에서 어미(**-ют, -ут, -ят, -ат**)를 떼어 냈을 때, 동사의 어간이 모음으로 끝나면 **-й**를, 자음으로 끝나면 강세의 위치에 따라 **-и** 또는 **-ь**를 붙입니다.

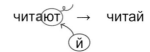

чита~~ют~~ → читай
й

어간이 모음으로 끝날 때

чита́ть   →   чита + й = чита́й! 읽어라!
слу́шать   →   слуша + й = слу́шай! 들어라!

어간이 자음으로 끝날 때

(1) 역점이 어미에 올 때 (1인칭 단수 변화에서의 역점 기준)
    говори́ть   →   говор + и = говори́! 말해!
    смотре́ть   →   смотр + и = смотри́! 봐!

(2) 역점이 어간에 올 때
    гото́вить   →   готов + ь = гото́вь! 준비해!
    встать   →   встан + ь = вста́нь! 일어나!

> **주의**
> - 각각의 명령형에 **-те**를 붙이면 더 정중한 표현이 됩니다.
>   **Чита́йте, пожа́луйста, текст!**
>   텍스트를 읽어 보세요.
>   **Не кури́те здесь!**
>   여기서는 담배 피우지 마세요.
> - 명령형에 **пожа́луйста**를 첨가하면 영어의 **please**와 같은 의미를 전달할 수 있습니다.

● 지시 대명사 **э́тот**

'이 ~'이라는 의미로 사용되는 지시 대명사 **э́тот**는 뒤에 오는 명사의 성, 수에 일치합니다.

남성	여성	중성	복수
э́тот	э́та	э́то	э́ти

Э́тот дом большо́й. 이 집은 크다.

Э́та у́лица у́зкая. 이 거리는 좁다.

Э́то окно́ широ́кое. 이 창문은 넓다.

Ско́лько э́то сто́ит?
이것은 얼마입니까?

20 рубле́й.
20루블입니다.

● 수사 II: 20-1000

20	два́дцать	200	две́сти
30	три́дцать	300	три́ста
40	со́рок	400	четы́реста
50	пятьдеся́т	500	пятьсо́т
60	шестьдеся́т	600	шестьсо́т
70	се́мьдесят	700	семьсо́т
80	во́семьдесят	800	восемьсо́т
90	девяно́сто	900	девятьсо́т
100	сто	1000	ты́сяча

20 이상의 수사는 각각의 단위에 그보다 작은 단위의 수사를 결합해서 만듭니다.

25   два́дцать пять

530   пятьсо́т три́дцать

951   девятьсо́т пятьдеся́т оди́н

> **참고**
> 전화번호를 말할 때 세 자리 수는 그대로 읽고 네 자리 수는 두 자리씩 끊어 읽습니다.
>
> 235-4135 две́сти три́дцать пять (235), со́рок оди́н (41), три́дцать пять (35)

● 이것은 얼마인가요?

가격을 묻는 표현은 '얼마나'를 뜻하는 의문 대명사 **ско́лько**와 '값이 나가다'를 뜻하는 동사 **сто́ить**를 결합해서 만듭니다.

A **Ско́лько э́то сто́ит?**
이것은 얼마입니까?

B **10 рубле́й.**
10루블입니다.

A **Ско́лько сто́ит э́та кни́га?**
이 책은 얼마입니까?

B **Она́ сто́ит 500 рубле́й.**
그것은 500루블입니다.

수사 다음에 오는 명사는 수에 맞게 격 변화합니다. 끝자리 수가 1로 끝나는 경우 그 다음에는 해당 명사의 단수 주격 형태가 오고, 2~4로 끝날 경우에는 단수 생격, 5~20까지의 수, 그리고 5~0으로 끝나는 수 뒤에는 복수 생격 형태가 옵니다. 가령 러시아 화폐 단위인 **рубль**이 올 경우 앞의 숫자가 무엇인가에 따라 **рубль**(단수 주격), **рубля́**(단수 생격), **рубле́й**(복수 생격) 중 한 형태가 쓰입니다.

단수 주격	단수 생격	복수 생격
21 рубль	383 рубля́	12 рубле́й
151 рубль	34 рубля́	487 рубле́й

> **주의**
> 대상이 복수일 경우 **сто́ить** 동사의 3인칭 복수 변화형인 **сто́ят**을 씁니다.
>
> **Э́ти брю́ки сто́ят 2000 рубле́й.**
> 이 바지는 2000루블입니다.
>
> **Ско́лько сто́ят э́ти очки́?**
> 이 안경은 얼마입니까?

Тру́дно чита́ть
по-ру́сски.

Слу́шайте,
повторя́йте,
чита́йте!

Борис Петрович	Боми, вы рабо́тали до́ма? У вас бы́ло дома́шнее зада́ние – чита́ть текст вслух.
Боми	Да, рабо́тала. Мне тру́дно бы́ло чита́ть по-ру́сски.
Борис Петрович	Вы слу́шали а́удио приложе́ние?
Боми	Нет, не слу́шала.
Борис Петрович	Снача́ла слу́шайте текст. Пото́м повторя́йте и чита́йте.

보리스 페트로비치	보미, 집에서 공부했나요? 숙제가 있지요? 텍스트를 소리 내어 읽어 보는 것이요.
보미	네, 공부했어요. 하지만 러시아어로 읽기가 어려웠어요.
보리스 페트로비치	오디오 자료는 들어 보았나요?
보미	아니요, 듣지 않았어요.
보리스 페트로비치	우선 텍스트를 들어 보세요. 그 다음 따라 하고 읽어 보세요.

참고

'소리 내어 읽다'의 반대말 '속으로 읽다'라는 표현은 **чита́ть про себя́**입니다.

대화 TIP

• 문법상 주어가 존재하지 않는 문장인 무인칭문은 상태를 나타내는 부사 다음에 동사 원형을 붙여서도 만들 수 있습니다. 이 경우 뜻은 '~하기가 ~하다'가 됩니다.

Тру́дно чита́ть по-ру́сски. 러시아어로 읽기가 어렵다.
Легко́ писа́ть письмо́. 편지를 쓰기가 쉽다.

• 상태 부사 다음에 **быть** 동사의 과거 시제 **бы́ло**, 미래 시제 **бу́дет**을 넣으면 각각 무인칭문의 과거와 미래 시제를 만들 수 있습니다.

Тру́дно **бы́ло** слу́шать текст. 텍스트를 듣기가 어려웠다.
Легко́ **бу́дет** говори́ть по-коре́йски. 한국어를 말하기가 쉬울 것이다.

새 단어 및 표현

чита́ть вслух 소리 내어 읽다
тру́дно 어렵다
а́удио 오디오
приложе́ние 부록, 첨부
а́удио приложе́ние 오디오 자료
снача́ла 우선
пото́м 그 다음
повторя́ть 따라 하다, 반복하다

Ско́лько сто́ит э́тот слова́рь?

500 рубле́й.

Дохён	Скажи́те, пожа́луйста, у вас есть ру́сско-коре́йский слова́рь?
сотрудник магазина	Да, есть.
Дохён	Покажи́те, пожа́луйста.
сотрудник магазина	Вот э́тот?
Дохён	Да. Ско́лько он сто́ит? До́рого?
сотрудник магазина	Нет, недо́рого. 500 рубле́й.

도현	러-한 사전이 있는지 말씀해 주시겠어요?
점원	네, 있습니다.
도현	보여 주세요.
점원	이것 말씀이신가요?
도현	네, 얼마인가요? 비싼가요?
점원	아니요, 비싸지 않아요. 500루블이네요.

참고
러시아어에는 говори́ть- сказа́ть 의 경우처럼 동사들이 불완료상 – 완료상 짝을 이룹니다. 동사의 상에 따라 의미도 조금씩 달라집니다. **14과 참조**

대화 TIP

- сказа́ть, показа́ть 등의 동사는 동사 변화에서 з가 ж로 교체되며 1식 변화합니다.

сказа́ть 말하다　показа́ть 보여 주다

я	скажу́	покажу́	мы	ска́жем	пока́жем
ты	ска́жешь	пока́жешь	вы	ска́жете	пока́жете
он, она́	ска́жет	пока́жет	они́	ска́жут	пока́жут

- дорого́й(비싼), дешёвый(싼) 등 형용사에서 -ый, -ий, -ой 등 형용사형 어미를 떼어 내고 -о를 붙이면 부사를 만들 수 있습니다. 이렇게 만들어진 до́рого(비싸게), дёшево(싸게)를 이용해서 물건이 '비싸다' 혹은 '싸다'라는 표현을 할 수 있습니다.

Э́тот стол сто́ит **до́рого.** 이 책상은 비싸다. (이 책상은 비싸게 값이 나간다.)
Э́ти сувени́ры стоя́т **дёшево.** 이 기념품들은 싸다. (이 기념품들은 싸게 값이 나간다.)

새 단어 및 표현

сказа́ть 말하다
(говори́ть의 완료상)

пожа́луйста 제발
(영어의 please)

ру́сско-коре́йский 러-한

показа́ть 보여 주다

до́рого 비싸다 (술어 부사)

Уро́к 11 127

쇼핑할 곳

① **универма́г** 백화점
② **ры́нок** 시장
③ **магази́н** 상점
④ **кни́жный магази́н** 서점

⑤ **бу́лочная** 빵집
⑥ **кио́ск** 가판대
⑦ **конди́терская** 과자점
⑧ **продукто́вый магази́н** 식료품점

쇼핑할 것

проду́кты 식료품류	**бытова́я те́хника** 가전류	**посу́да** 식기류	**ме́бель** 가구류
хлеб 빵	телефо́н 전화기	таре́лка 접시	стул 의자
рис 쌀	телеви́зор TV	ча́шка 찻잔	дива́н 소파
фру́кты 과일	холоди́льник 냉장고	ви́лка 포크	кре́сло 안락의자
о́вощи 채소	стира́льная маши́на 세탁기	ло́жка 숟가락	крова́ть 침대
грибы́ 버섯	пылесо́с 진공청소기	стака́н 컵	шкаф 장롱
мя́со 고기	магнитофо́н 전축(턴테이블)	ча́йник 주전자	комо́д 서랍장
ры́ба 생선	видеока́мера 비디오카메라	кастрю́ля 냄비	ту́мбочка 협탁
конфе́ты 사탕, 과자	утю́г 다리미		
пече́нье 쿠키			

쇼핑할 때 쓸 수 있는 유용한 표현들

Ско́лько с меня́?

С вас 500 рубле́й.

A 제가 얼마 내면 되나요?
B 500루블 내시면 됩니다.

Ско́лько вам?

Мне 300 грамм.

A 얼마나 드릴까요?
B 300그램 주세요.

Да́йте,
пожа́луйста,
ру́чку.

Пожа́луйста.

A 펜 좀 주세요.
B 여기 있어요.

Посмотри́те,
пожа́луйста.

Спаси́бо.

МОДНЫЙ
ВИД

A 한번 보세요.
B 감사합니다.

문법

1 다음 동사들의 명령형을 만들어 보세요.

(1) Смотреть → _____.

(2) Звонить → _____.

(3) Составить → _____.

★ составить 만들다, 조성하다

2 지시대명사 ЭТОТ를 알맞게 변화시켜 보세요.

(1) _____ квартира большая.

(2) _____ пальто длинное.

(3) _____ стол хороший.

★ пальто 외투

3 다음의 수사를 써 보세요.

(1) 28 → _____

(2) 430 → _____

(3) 863 → _____

4 빈칸 안에 들어갈 단어를 보기 에서 골라 보세요.

예제 рубль   стоит   рублей   стоят   эта

(1) Сколько _____ эти очки?

(2) Рубашка _____ 500 рублей.

(3) Сколько стоит _____ книга?

(4) Открытка стоит 31 _____.

(5) Ручка стоит 150 _____.

★ открытка 엽서

듣기 ● 녹음을 듣고 질문에 답하세요.

(1) 다음 중 대화의 내용과 맞지 <u>않은</u> 것을 고르세요.

    ① 붉은 가방은 5000루블이다.

    ② 상인은 붉은 가방을 권한다.

    ③ 검은 가방은 1000루블이다.

    ④ 고객은 검은 가방을 구매한다.

(2) 이 대화가 이루어지고 있는 장소로 적절하지 <u>않은</u> 곳은?

    ① универмаг   ② рынок   ③ магазин   ④ кондитерская

★ красный 붉은 | чёрный 검은 | взять 가지다, 잡다

읽기 ● 다음 글을 잘 읽고 질문에 대답하세요.

Меня зовут Лена. Я живу и работаю в Москве. У меня есть подруга Боми. Завтра у (   ) день рождения. Я хочу купить ей в подарок красивую сумку. Вчера я ходила в магазин. Там была очень красивая сумка, но она была слишком дорогая. Она стоила 6000 рублей.

(1) 레나가 사는 곳은 어디인가요?

    ① 서울   ② 모스크바   ③ 북경   ④ 상트 페테르부르크

(2) (   ) 안에 들어갈 알맞은 단어를 고르세요.

    ① него   ② неё   ③ ней   ④ ним

(3) 위의 내용과 맞는 것을 고르세요.

    ① 보미는 레나의 선생님이다.

    ② 내일은 레나의 생일이다.

    ③ 보미는 레나에게 코트를 선물하고 싶다.

    ④ 레나는 보미에게 가방을 선물하고 싶다.

★ красивый 아름다운 | слишком 지나치게, 너무

러시아의 도시들

모스크바

모스크바는 인구 1천3백만 명이 넘는 러시아 최대의 도시로 현재 러시아의 수도입니다. 유럽에서 인구가 가장 많은 도시이면서 면적으로는 세계 4위입니다. 오카 강의 지류인 모스크바강 유역에 위치하며, 18세기 표트르 대제가 모스크바에서 상트 페테르부르크로 수도를 이전한 이후에도 러시아의 상업, 수공업 발전을 이끄는 중심 역할을 해 왔습니다. 혁명 이후 소련 시대를 거쳐 현재까지 러시아의 수도인 모스크바는 요새였던 크렘린을 중심으로 발전하였고, 크렘린 동쪽 성벽 앞에는 붉은 광장이 있으며 그 주변으로 성 바실리 성당과 역사 박물관 등이 자리하고 있습니다.

상트 페테르부르크

상트 페테르부르크는 러시아 북서부에 위치한 인구 5백6십만의 러시아 제2의 도시입니다. 표트르 대제가 스웨덴과의 북방전쟁에서 승리하면서 유럽으로 향하는 통로라고 할 수 있는 발트해를 차지했고, 그곳에 '유럽으로 향하는 창'인 신도시를 건설한 것이 상트 페테르부르크입니다. 표트르 대제 시기부터 혁명이 발발하기 전까지 200여 년 동안 러시아의 수도였으며, 학술·문화적 유산이 풍부하고 교육·문화 시설이 잘 갖추어져 있습니다. 도시의 수호자인 성 베드로(Peter)의 이름에서 따온 도시 이름은 소련 시기 레닌그라드로 개명되기도

했지만 이후 다시 원래의 이름을 찾았습니다. 세계 3대 미술관 중 하나인 에르미타주 박물관과 페트로 파블로프스크 요새, 이삭 성당, 카잔 성당 등이 위치해 있습니다.

노보시비르스크

시베리아에 위치한 인구 1백6십만의 러시아 제3의 도시입니다. 시베리아 횡단철도가 건설되면서 발전하기 시작해서 혁명 이후 시베리아 개발 정책에 힘입어 시베리아를 대표하는 중심 공업 도시로 성장했습니다.

예카테린부르크

유럽과 아시아의 경계라고 할 수 있는 우랄 산맥 중부에 위치한 러시아의 대도시로 인구는 1백5십만을 넘습니다. 우랄 지역 최대의 공업 및 문화의 중심지이며, 교통의 요지이기도 합니다. 러시아의 마지막 황제 니콜라이 2세와 일가족이 총살 당한 곳이기도 합니다.

니즈니 노브고로드

볼가강과 오카강이 합류하는 지점에 있는 러시아 북서부의 도시입니다. 인구는 1백2십만 명이며, 볼가 연방관구의 본부가 위치하고 있습니다. 러시아의 대표적 경제, 사회, 문화 중심지로서 작가 막심 고리키가 탄생했다고 해서 고리키로 불리기도 했습니다.

У меня́ нет бра́та.

동영상 강의

- 생격의 활용: 존재의 부정
- 명사의 불규칙한 복수형
- 명사의 복수 생격

У вас есть брат?
당신은 오빠가 있습니까?

У меня́ нет бра́та.
나는 오빠가 없습니다.

● 생격의 활용: 존재의 부정

'~이/가 없다', '~을/를 가지고 있지 않다'의 의미를 표현하기 위해 부정의 뜻을 가지는 **нет**을 쓰고, 그 뒤에 오는 대상은 생격으로 씁니다. 소유의 주체가 표시되는 경우 즉, 어떤 사람에게 '~이/가 없다' 혹은 그 사람은 '~을/를 가지고 있지 않다'의 표현은 **у кого́** 구문을 이용합니다.

> **у кого́ + есть +** 명사 주격 인칭문 : ~이/가 있다, ~을/를 가지고 있다

У меня́ есть слова́рь. 나는 사전이 있다.

> **у кого́ + нет +** 명사 생격 무인칭문 : ~ 이/가 없다, ~을/를 가지고 있지 않다

У меня́ нет словаря́. 나는 사전이 없다.

반면, 주체가 표시되지 않는 경우 별다른 주어 없이 '**нет** + 명사 생격'을 씁니다. 시간이나 장소의 부사와 함께 쓰이기도 합니다.

Здесь нет до́ма. 여기에는 집이 없다.   **Сего́дня нет пы́ли.** 오늘은 먼지가 없다.

현재 시제	У меня́ нет уро́ка. 나는 수업이 없다.	Сего́дня нет уро́ка. 오늘은 수업이 없다.
과거 시제 быть 동사 과거 중성형 бы́ло 사용	У меня́ не́ было уро́ка. 나는 수업이 없었다.	Вчера́ не́ было уро́ка. 어제는 수업이 없었다.
미래 시제 быть 동사 3인칭 미래형 бу́дет 사용	У меня́ не бу́дет уро́ка. 나는 수업이 없을 것이다.	За́втра не бу́дет уро́ка. 내일은 수업이 없을 것이다.

● 명사의 불규칙한 복수형

어미 -а, -я와 결합하는 남성 명사	어미 -ья와 결합하는 명사	여타 불규칙 변화
дом → дома́ 집 го́род → города́ 도시 учи́тель → учителя́ 선생님	сын → сыновья́ 아들 брат → бра́тья 형제 друг → друзья́ 친구	ребёнок → де́ти 어린이 челове́к → лю́ди 사람 дочь → до́чери 딸

Ско́лько в аудито́рии **студе́нтов?**

강의실에 학생이 몇 명 있습니까?

В аудито́рии 7 студе́нтов.

7명이 있습니다.

● 명사의 복수 생격

명사의 복수 생격은 단수 주격 어간에 특정 어미가 붙거나 기존의 어미가 떨어져 나가는 방법으로 만들어집니다. 복수 생격은 수사 5~20, 그리고 끝자리 수가 5~0인 수, **мно́го**(많이), **ма́ло**(적게), **не́сколько**(몇 개), **ско́лько**(얼마나) 등과 함께 쓰입니다.

		복수 생격
영어미 (zero-ending): -o로 끝나는 대부분의 중성 명사와 -a로 끝나는 여성 명사의 경우 어말의 모음을 잘라 내는 영어미 형태를 띱니다.	сло́во 단어 окно́ 창문 рука́ 손 газе́та 신문	слов о́кон рук газе́т
-ов, -ев: 자음으로 끝나는 대부분의 남성 명사는 어미 -ов를 첨가하며, -й로 끝나는 남성 명사는 -ев를 붙입니다.	стол 책상 геро́й 영웅	столо́в геро́ев
-ей: -ь로 끝나는 명사와 -ж, -ч, -ш, -щ 등으로 끝나는 남성 명사, -е로 끝나는 중성 명사 및 기타 다른 명사들의 복수 생격은 -ей 형태를 띱니다.	учи́тель 선생님 нож 칼 врач 의사 това́рищ 동지 ночь 밤 мо́ре 다	учителе́й ноже́й враче́й това́рищей ноче́й море́й

На вы́ставке **мно́го** же́нщин.

전시회에 여자들이 많다.

У меня́ **не́сколько** вопро́сов.

나는 몇 가지 질문이 있다.

В теа́тре **ма́ло** зри́телей.

극장에 관객이 적다.

В аудито́рии 15 столо́в.

강의실에 15개의 책상이 있다.

주의

- -я로 끝나는 여성 명사의 경우 -я가 떨어져 나가면서 -ь를 남깁니다.

  неде́ля → неде́ль   ку́хня → ку́хонь

- -ия, -ие로 끝나는 명사들은 -ий로 바꿉니다.

  фами́лия → фами́лий   зда́ние → зда́ний

- 영어미 형태의 복수 생격이 만들어질 때 окно́ → о́кон의 경우처럼 어미가 떨어져 나가면서 어간에 특정 모음이 첨가되기도 합니다.

  число́ → чи́сел   ру́чка → ру́чек   сестра́ → сестёр

단수 주격이 아닌 복수 주격 형태에서 복수 생격이 만들어지는 경우도 있습니다.

де́ти → дете́й 아이들   лю́ди → люде́й 사람들   де́ньги → де́нег 돈

У тебя́ есть брат?

Нет, у меня́ нет бра́та.

Олег	Я слы́шал, что за́втра в Коре́е Роди́тельский день.
Боми	Да, пра́вильно. Обы́чно в Коре́е отмеча́ют его вме́сте с семьёй.
Олег	А у тебя́ больша́я семья́?
Боми	Да, больша́я. У меня́ два бра́та и три сестры́. А у тебя́?
Олег	У меня́ есть сестра́, но нет бра́та.
Боми	Ско́лько ей лет?
Олег	Ей 25 лет.

알렉	내일 한국은 어버이날이라고 들었어.
보미	응, 맞아. 보통 한국에서는 어버이날을 가족들과 함께 보내.
알렉	너는 가족이 많니? (대가족이니?)
보미	응, 대가족이야. 나는 오빠가 두 명, 언니가 세 명 있어. 너는?
알렉	나는 누나는 있는데 형제는 없어.
보미	누나가 몇 살인데?
알렉	25살이야.

대화 TIP

• 동사 **отмеча́ют**이 들어간 위 대화 속 문장은 부정 인칭문입니다. 행위자가 누구인지 중요하지 않은 경우 주어를 생략하고 3인칭 복수 **они**에 해당하는 동사 변화형만 써서 문장을 만듭니다.

В кио́ске продаю́т газе́ты. 가판대에서 신문을 판다.
В це́нтре го́рода стро́ят доро́гу. 시내에 도로를 건설한다.

• 동사 **отмеча́ть**는 '(명절을) 보내다'라는 의미로 사용됩니다.

Сего́дня мы отмеча́ем день рожде́ния Та́ни.
오늘 우리는 타냐의 생일을 기념한다.

В Коре́е торже́ственно отмеча́ют Пра́здник урожа́я.
한국에서는 추석을 성대하게 보낸다.

새 단어 및 표현

роди́тели 부모님
Роди́тельский день 어버이날

пра́вильно 맞아, 옳아
обы́чно 보통
отмеча́ть 기념하다

136

Ско́лько студе́нтов у вас в гру́ппе?

У нас 10 студе́нтов.

Таня	Приве́т, Дохён. Ты ходи́л сего́дня на уро́к?
Дохён	Да, ходи́л.
Таня	Ско́лько студе́нтов у вас в гру́ппе?
Дохён	У нас 10 студе́нтов.
Таня	Дово́льно больша́я гру́ппа. А мно́го студе́нтов из Евро́пы?
Дохён	Нет, их ма́ло, всего́ 2.
Таня	Отку́да они́?
Дохён	Они́ из Финля́ндии.

타냐	안녕, 도현아. 오늘 수업에 다녀왔니?
도현	응, 다녀왔어.
타냐	너희 반에는 학생이 몇 명이나 되니?
도현	10명의 학생들이 있어.
타냐	반이 꽤 크구나. 유럽에서 온 학생들이 많니?
도현	아니, 적어. 다 해 봐야 두 명이야.
타냐	그들은 어디 출신인데?
도현	핀란드 출신이야.

대화 TIP

'～(으)로부터'의 의미를 가지는 전치사 из는 생격과 함께 쓰입니다. '～(으)로'의 의미를 가지는 전치사 в는 대격과 함께 쓰이는데, 이 두 전치사는 서로 반대의 방향성을 나타낼 때 짝을 이루어 쓰입니다.

в го́род 도시로   из го́рода 도시로부터
в Коре́ю 한국으로   из Коре́и 한국으로부터

새 단어 및 표현

ходи́ть на уро́к 수업에 다니다
гру́ппа 그룹
дово́льно 꽤, 상당히
из ～에서, ～(으)로부터
Евро́па 유럽
всего́ 다 해 봐야
отку́да 어디로부터
отку́да они́?
그들은 어디 출신입니까?

날짜 표현

● 월

янва́рь 1월	**май** 5월	**сентя́брь** 9월
февра́ль 2월	**ию́нь** 6월	**октя́брь** 10월
март 3월	**ию́ль** 7월	**ноя́брь** 11월
апре́ль 4월	**а́вгуст** 8월	**дека́брь** 12월

● 요일

① **понеде́льник** 월요일
② **вто́рник** 화요일
③ **среда́** 수요일

④ **четве́рг** 목요일
⑤ **пя́тница** 금요일
⑥ **суббо́та** 토요일

⑦ **воскресе́нье** 일요일

> **참고**
> '~월에'는 '전치사 в + 전치격'으로, '~요일에'는 '전치사 в + 대격'으로 표현합니다. вто́рник(화요일)의 경우처럼 в로 시작하면서 연달아 자음이 이어지는 경우에는 전치사 в 대신 во를 씁니다.
>
> в январе́ 1월에   в феврале́ 2월에   в ма́рте 3월에
>
> в понеде́льник 월요일에   во вто́рник 화요일에   в сре́ду 수요일에   в четве́рг 목요일에
> в пя́тницу 금요일에   в суббо́ту 토요일에   в воскресе́нье 일요일에

날씨를 표현하는 방법

Кака́я сего́дня пого́да?

Сего́дня хо́лодно.

A 오늘은 날씨가 어때요?
B 오늘 추워요.

B의 기타 표현

Сего́дня тепло́. 오늘 따뜻해요.
Сего́дня жа́рко. 오늘 더워요.
Сего́дня прохла́дно. 오늘 서늘해요.

Кака́я сего́дня пого́да?

Идёт дождь.

A 오늘은 날씨가 어때요?
B 비가 와요.

B의 기타 표현

Идёт снег. 눈이 와요.
Ду́ет ве́тер. 바람이 불어요.
Све́тит со́лнце. 해가 비춰요.

Кака́я сего́дня температу́ра?

Сего́дня плюс 30 гра́дусов.

A 오늘 온도는 어때요?
B 오늘 영상 30도예요.

B의 기타 표현

Сего́дня ми́нус 2 гра́дуса.
오늘 영하 2도예요.

Кака́я пого́да в январе́?

В январе́ хо́лодно.

A 1월에는 날씨가 어때요?
B 1월에는 추워요.

A의 기타 표현

Кака́я пого́да в а́вгусте?
8월에는 날씨가 어때요?

B의 기타 표현

В а́вгусте жа́рко.
8월에는 더워요.

문법

1 다음의 복수 생격 형태를 보고 단수 주격형을 만들어 보세요.

(1) рек → _____   (2) студентов → _____

(3) гостей → _____   (4) студенток → _____

(5) домов → _____   (6) писателей → _____

(7) мест → _____   (8) девочек → _____

2 다음 문장의 빈칸에 알맞은 명사를 알맞은 형태로 넣으세요.

(1) У нас много

_____ .

(2) Дома несколько

_____ .

(3) У него мало

_____ .

3 문장을 부정문으로 바꾸어 보세요.

(1) У неё есть квартира. → _____

(2) В комнате есть стол. → _____

(3) Завтра будет урок. → _____

(4) У меня были деньги. → _____

(5) В доме было окно. → _____

(6) Сегодня будет обед. → _____

★ обед 점심

4 왼쪽의 단수와 오른쪽의 복수를 알맞게 연결하세요.

(1) сын   •   • ① дети

(2) ребёнок •   • ② сыновья

(3) брат   •   • ③ берега

(4) человек •   • ④ люди

(5) берег   •   • ⑤ братья

듣기 ● 녹음을 듣고 질문에 답하세요.

(1) 3월 서울의 날씨는 어떤가요?

① тепло ② прохладно ③ жарко ④ холодно

(2) 서울의 여름 날씨와 관련 있는 것을 모두 고르세요.

① 비가 온다 ② 바람이 분다 ③ 햇빛이 강하다 ④ 덥다

(3) 보미가 제일 좋아하는 계절은 무엇인가요?

★ становиться ~게 되다 | любимый 가장 좋아하는 | время года 계절

읽기 ● 다음 글을 잘 읽고 질문에 대답하세요.

Олег родился в Томске. Этот город находится в Сибири. В Томске зимой холодно, а летом жарко. В Сибири очень много снега. Дохён родился в Пусане. Город Пусан находится на юге Кореи. Там летом очень жарко, а зимой не очень холодно, в среднем +2 ~ +3 градуса.

(1) 위 글의 내용과 맞으면 ○표, 틀리면 ✕표를 하세요.

① 알렉은 톰스크에서 태어났다. ( )

② 톰스크는 여름에도 덥지 않다. ( )

③ 부산은 겨울에 매우 춥다. ( )

④ 서울의 겨울 평균 기온은 영상 2~3도이다. ( )

(2) 톰스크가 위치한 곳은 어디일까요? ( )

★ градус 도(온도) | в среднем 평균

러시아의 아름다운 건축물

성 바실리 대성당 (Собор Василия Блаженного)

　이반 4세(1530~1584) 때 몽골의 후예 카잔한국을 멸망시킨 것을 기념하여 모스크바에 지어진 이 성당은 러시아의 전통 목조 건축술과 비잔틴, 서유럽의 석조 건축술이 결합된 독특한 외형을 자랑합니다. 성 바실리 대성당의 모습을 살펴보면 하나의 커다란 기단 위에 높은 탑 모양의 본채가 있고, 그 본채를 둘러싼 교회 8개가 자리하고 있습니다. 총 9개의 교회 건물은 팔각기둥 모양을 하고 있는데, 본채를 둘러싼 8개 교회의 지붕은 양파 모양을 하고 있으며, 높이와 모양이 모두 제각각입니다.

　아름다운 교회에 흡족했던 이반 4세는 이 성당을 설계한 건축가들을 불러 칭찬을 해 주고 나서 다시는 이러한 아름다운 건축물들을 다른 곳에 짓지 못하도록 두 건축가의 눈을 도려내라고 명했다는 일화가 전해지기도 합니다.

　성 바실리 대성당은 목조 건축과 석조 건축을 절묘하게 조화시킨 가장 러시아적인 건축물로 평가받고 있습니다.

성 이삭 대성당 (Исаакиевский собор)

　성 이삭 대성당은 알렉산드르 1세(1801~1825) 때 프랑스 건축가 몽페랑의 설계로 상트 페테르부르크에 지어진 신고전주의 양식의 건물입니다. 당시 러시아에서 가장 큰 규모였던 이 성당의 건축 기간은 1818년부터 1858년까지 40년이나 됩니다. 상트 페테르부르크는 늪지대에 건설된 도시이기 때문에 지반이 약해서 성당의 무게를 견디지 못할 것을 우려해 지반에 말뚝을 박는 작업에만 5년 이상의 시간이 소요되었고, 125톤에 달하는 48개의 원기둥을 세우는 데에 3년, 그것을 다듬는 데에 4년 이상이 더 걸렸다고 합니다.

　황금빛 돔을 만드는 데에 100kg 이상의 금이 사용되었는데, 제정 러시아 시대 정교회의 높은 위상을 상징하듯이 총 높이는 101m가 넘어서 먼 곳에서도 잘 보입니다. 제2차 세계 대전 때에는 적에게 표적이 될 수도 있다는 우려로 돔의 색깔을 회색으로 바꾸기도 했습니다.

Куда́ ты е́дешь?

- 동작 동사 II: éхать와 éздить

- 형용사의 생격과 대격

Куда́ ты **е́дешь?**
너는 어디로 가고 있니?

Я **е́ду** на вокза́л.
나는 역으로 가고 있어.

● 동작 동사 II: **е́хать**와 **е́здить**

걸어가는 행위를 뜻하는 **идти́**, **ходи́ть**와 마찬가지로 운송 수단을 타고 가는 행위 역시 두 가지 종류가 있습니다. 무엇을 타고 한 방향으로 가는 행위에는 **е́хать**, 여러 방향으로 가거나, 갔다가 오는 행위, 반복되는 행위에는 **е́здить**를 씁니다.

е́хать 가다

я	е́ду	в го́род 도시로	мы	е́дем	на вы́ставку 전시회로
ты	е́дешь	в магази́н 상점으로	вы	е́дете	на стадио́н 경기장으로
он, она́	е́дет	в университе́т 대학교로	они́	е́дут	на ро́дину 고국으로

Я **е́ду** в фи́рму.
나는 회사에 간다.

е́здить 가다, 다니다

я	е́зжу	в институ́т 연구소로, 대학으로	мы	е́здим	на ры́нок 시장으로
ты	е́здишь	в библиоте́ку 도서관으로	вы	е́здите	на рабо́ту 직장으로
он, она́	е́здит	в больни́цу 병원으로	они́	е́здят	на заво́д 공장으로

Он лю́бит **е́здить** по го́роду.
그는 도시 이곳 저곳을 다니기 좋아한다.

Она́ **е́здит** в магази́н на маши́не.
그녀는 상점에 차를 타고 다닌다.

Ты ви́дела **но́вого** студе́нта?

너는 새로 온 대학생을 보았니?

Да, ви́дела.

응, 보았어.

● 형용사의 생격과 대격

형용사의 생격

남성, 중성 형용사 생격 어미는 **-ого**, **-его**이며, 여성 형용사 생격 어미는 **-ой**, **-ей**입니다.

но́вый(새로운), **хоро́ший**(좋은)의 생격

	남성		여성		중성	
주격	но́вый	хоро́ший	но́вая	хоро́шая	но́вое	хоро́шее
생격	но́вого	хоро́шего	но́вой	хоро́шей	но́вого	хоро́шего

У **но́вого** студе́нта есть маши́на.

새로 온 대학생은 차를 가지고 있다.

У тебя́ нет **но́вой** кни́ги.

너는 새 책이 없다.

형용사의 대격

남성 형용사 대격은 뒤에 오는 명사의 성격에 따라 달라집니다. 명사가 사물일 경우는 주격과 동일하고, 사람이나 동물일 경우는 생격과 동일합니다. 중성 형용사의 대격은 주격과 같은 **-ое**, **-ее**이며, 여성 형용사의 대격은 **-ую**, **-юю**입니다.

но́вый(새로운), **хоро́ший**(좋은)의 대격

		남성		여성		중성	
	주격	но́вый	хоро́ший	но́вая	хоро́шая	но́вое	хоро́шее
대격	사람, 동물	но́вого	хоро́шего	но́вую	хоро́шую	но́вое	хоро́шее
	사물	но́вый	хоро́ший				

Я зна́ю **но́вого** инжене́ра.

나는 새로운 엔지니어를 안다.

Он лю́бит **но́вый** компью́тер.

그는 새 컴퓨터를 좋아한다.

Ни́на чита́ет **но́вую** кни́гу.

니나는 새 책을 읽는다.

Я ви́жу **но́вое** зда́ние.

나는 새 건물을 본다.

Куда́ ты е́дешь?

Я е́ду в университе́т.

Боми	Дохён, давно́ не ви́делись. Где ты был?
Дохён	Я е́здил во Фра́нцию. Там живёт моя́ тётя.
Боми	Здо́рово. Ты ча́сто е́здишь в Евро́пу?
Дохён	Нет, не о́чень ча́сто. Раз в 2 го́да.
Боми	Где ты ещё был кро́ме Фра́нции?
Дохён	Я е́здил в Ита́лию 2 го́да наза́д. Там то́же о́чень краси́во.
Боми	А куда́ ты е́дешь сейча́с?
Дохён	Я е́ду в университе́т.

보미	도현아, 우리 서로 못 본 지 오래됐네. 어디 갔었니?
도현	나 프랑스에 다녀왔어. 거기에 이모가 사시거든.
보미	멋지다. 너는 유럽에 자주 다니니?
도현	아니, 그렇게 자주는 아니야. 2년에 한 번 정도야.
보미	프랑스 외에 어디에 또 가 봤는데?
도현	2년 전에 이탈리아에 갔었어. 거기도 매우 아름답더라.
보미	지금은 어디 가는 길인데?
도현	학교에 가는 길이야.

대화 TIP

- '~을/를 보다'를 뜻하는 **ви́деть** 뒤에 소사 -ся가 붙으면 상호성을 나타내게 되어서 둘 이상의 사람들이 같이 하는 행위를 나타냅니다. -ся는 모음 뒤에서는 -сь로 바뀝니다.

  Мы с тобо́й давно́ не **ви́делись**.
  우리는(나와 너는) 오랫동안 서로 보지 못했다(못 본 지 오래다).

- '~ 전에'를 뜻하는 **наза́д** 앞에 시간 표현을 넣으면 '그 시간 전에'라는 의미를 전달할 수 있습니다.

  3 дня наза́д 3일 전에   5 лет наза́д 5년 전에

새 단어 및 표현

давно́ 오래 전에
ви́деться (서로) 보다
давно́ не ви́деться
못 본 지 오래다.
здо́рово 멋지다
раз 번, 회
раз в 2 го́да 2년에 한 번
кро́ме (+ 생격) 이외에
наза́д 전에

> Ты ви́дел моего́ бра́та?

> Да, ви́дел. Он на стадио́не.

Боми	Том, приве́т. Ты ви́дел моего́ мла́дшего бра́та?	보미	톰, 안녕. 너 내 동생 봤니?
Том	Да, ви́дел. Он на стадио́не. Он смо́трит футбо́льный матч.	톰	응, 봤어. 그는 경기장에 있어. 축구를 관람하고 있어.
Боми	А где нахо́дится э́тот стадио́н? Далеко́ отсю́да?	보미	경기장이 어디에 있는데? 여기서 머니?
Том	Я как раз е́здил туда́. Недалеко́ от но́вого райо́на.	톰	나 방금 전에 그곳에 다녀왔어. 신시가지에서 멀지 않아.
Боми	Как мне дое́хать? На метро́?	보미	어떻게 가야 하지? 지하철 타고?
Том	Лу́чше на авто́бусе.	톰	버스로 가는 게 나아.

참고
• 동사 дое́хать는 '가다'는 뜻을 가진 동사 е́хать 앞에 접두사 до가 붙어서 만들어진 동사로 '~까지 가다'라는 뜻입니다.
• брат와 сестра́ 앞에 형용사 ста́рший(더 나이 든)와 мла́дший(더 어린)를 붙이면 각각 손위, 손아래 형제들을 지칭할 수 있습니다. 18과 **참조**
    мла́дший брат 남동생   ста́ршая сестра́ 누나(언니)

대화 TIP

• 전치사 на 뒤에 운송 수단을 나타내는 명사를 전치격으로 쓰면 '~을/를 타고'의 의미가 됩니다.
    Я е́ду на рабо́ту на маши́не. 나는 자동차를 타고 직장에 간다.
    Он ча́сто е́здит на по́езде. 그는 자주 기차를 탄다.

• моего́는 소유 대명사 мой(나의)의 대격 형태로 뒤에 오는 명사가 남성이고 사람, 동물인 경우 쓰입니다. (형용사 но́вого, хоро́шего 활용과 유사)

새 단어 및 표현

моего́ мой(나의)의 대격
стадио́н 경기장, 스타디움
футбо́льный 축구의
матч 경기
далеко́ 멀다
далеко́ от (+ 생격)
~(으)로부터 멀다
отсю́да 여기서부터
как раз 마침, 방금 전
райо́н 구역, 지역
дое́хать ~까지 가다
как дое́хать
어떻게(무엇을 타고) 가다
метро́ 지하철
лу́чше 더 낫다
авто́бус 버스
на авто́бусе 버스를 타고

빈도를 나타내는 다양한 표현

ре́дко	**иногда́**	**обы́чно**	**ча́сто**	**всегда́**
드물게	가끔	보통	자주	항상

ка́ждый день
매일

ка́ждое у́тро
매일 아침

ка́ждый ве́чер
매일 저녁

ка́ждую ночь
매일 밤

раз 한 번
два ра́за 두 번
три ра́за 세 번
четы́ре ра́за 네 번
пять раз 다섯 번
.
.
.
.
.

в день 하루에
в неде́лю 일주일에
в ме́сяц 한 달에
в год 1 년에
в 2 го́да 2 년에
в 3 го́да 3 년에
в 5 лет 5 년에

참고

빈도, 횟수를 나타내는 표현 뒤에 전치사 **в**와 시간, 기간을 나타내는 명사를 대격 형태로 첨가하면 '〜기간 동안 몇 번'의 의미를 전달할 수 있습니다.

Я е́зжу в Коре́ю 2 ра́за в год.
나는 한국에 일년에 두 번씩 간다(다녀온다).

전화 걸고 받기

Алло́!

Слу́шаю.

A 여보세요!

B 여보세요.

Мо́жно Оле́га?

Да, мину́тку.

A 알렉 바꿔 주세요.

B 네, 잠시만요.

B의 기타 표현

Мину́точку! 조금만 기다리세요.

Вы не туда́ попа́ли.
잘못 거셨어요.

Бу́дьте добры́
Оле́га!

Его́ нет.

A 알렉 부탁합니다.

B 그는 없는데요.

B의 기타 표현

Позвони́те, пожа́луйста,
по́зже. 조금 이따가 전화 주세요.

Он на друго́й ли́нии.
그는 통화 중이에요.

Оле́га нет
до́ма. Что ему́
переда́ть?

Переда́йте,
пожа́луйста, что
звони́ла Ни́на.

A 알렉은 집에 없어요. 뭐라고 전해
드릴까요?

B 니나가 전화했다고 전해 주세요.

B의 기타 표현

Пусть он мне позвони́т.
제게 전화해 달라고 해 주세요.

연습 문제
Упражнения

문법 **1** 다음 빈칸에 ехать와 ездить를 알맞게 변화시켜 넣어 보세요.

(1) A Где ты был вчера вечером?

B Я _____ в театр.

(2) A Куда ты сейчас _____?

B На вокзал.

(3) A А Что вы любите делать?

B Я люблю _____ за город отдыхать.

(4) A Где мой брат?

B Он сейчас _____ на стадион.

2 그림에 맞게 빈칸에 알맞은 단어를 넣어 보세요.

(1) Он _____ на вокзал.

(2) Она _____ по городу.

3 빈칸에 들어갈 단어를 오른쪽에서 찾아 연결해 보세요

(1) У _____ брата есть подруга. • • ① молодого

(2) Я знаю _____ преподавателя. • • ② хорошую

(3) Мы видим _____ здание. • • ③ старшего

(4) Анна любит _____ квартиру. • • ④ младшей

(5) У _____ сестры есть ручка. • • ⑤ высокое

4 주어진 표현에 맞게 아래의 단어들을 조합해 보세요.

в	неделю	раз	3	в	месяц	раза

(1) 한 달에 세 번 → _____

(2) 일주일에 한 번 → _____

● 녹음을 듣고 질문에 답하세요.

(1) 바딤은 보통 직장에 어떻게 출근하나요?

① 　② 　③ 　④

(2) 나타샤가 애용하는 교통수단은 무엇인가요?

① 　② 　③ 　④

읽기

● 다음 글을 잘 읽고 질문에 대답하세요.

> Я езжу в Иркутск три раза в год. В Иркутске живут мои родители и братья. Моя подруга Лена часто ездит в Новосибирск. Там живут её бабушка и дедушка. Послезавтра она едет в Новосибирск на поезде. Её младший брат Антон едет с ней.

(1) 나는 키이우에 얼마나 자주 가나요?

① 한 달에 한 번　　　　　　② 삼 년에 한 번

③ 삼 년에 세 번　　　　　　④ 일 년에 세 번

(2) 다음 중 위 글의 내용과 일치하지 <u>않는</u> 것을 고르세요.

① 안톤은 레나의 동생이다.

② 레나는 노보시비르스크에 자주 간다.

③ 노보시비르스크에는 레나의 언니가 산다.

④ 이르쿠츠크에는 나의 부모님과 형제들이 살고 있다.

★ Иркутск 이르쿠츠크 ｜ Новосибирск 노보시비르스크 ｜ послезавтра 모레

러시아와 러시아인의 뿌리

러시아라는 나라가 어디에서 비롯되었는지, 러시아라는 국가의 기원을 이야기하려면
9세기로 거슬러 올라가야 합니다. 북방에 사는 노르만인이 지금의 러시아 땅에 와서
키예프 러시아를 세웠다는 이야기가 있습니다. 하지만 그 이전에도 슬라브족은 키이우 인근에
거주하고 있었고 수많은 다른 민족들과 어우러져 살고 있었습니다.

우리가 슬라브족, 또는 슬라브인이라고 부르는 사람들은 기원전 10세기 무렵부터 현재 우크라이나의 드니프로강, 폴란드의 비스와강을 중심으로 농사를 지으며 살았다고 전해집니다. 기원후 2–5세기 계속되는 유목민들의 침입으로 인해서 슬라브족은 동, 서, 남으로 이동하게 됩니다. 우리가 일반적으로 알고 있는 러시아인들은 동쪽으로 이동해서 러시아 평원에 정착한 사람들로 우크라이나, 벨라루스인들과 함께 동슬라브족에 속합니다.

7C~9C
슬라브족
서슬라브족
동슬라브족
남슬라브족

러시아 최초의 국가라고 하는 키예프 러시아의 건국과 관련해서는 두 가지 견해가 있습니다. 삼림과 늪지대, 혹독한 기후 조건 하에서 살아가던 슬라브인들이 당시 세력이 막강했던 노르만족에게 자신들을 다스려 달라고 부탁을 했고, 이로 인해서 바이킹으로 불리던 노르만족이 러시아로 내려와 나라를 만들었다는 것이 첫 번째 학설입니다. 하지만 일각에서는 이렇게 슬라브인들이 자신들을 통치해 달라고 부탁했다는 학설이 노르만 학파에 의해서 조작된 것이라는 의견도 있습니다. 당시 세력을 확장하던 노르만인, 바이킹들이 새로운 교역로를 개척하기 위해서 강을 따라 슬라브족이 살던 지역에 침입을 해 왔다는 것입니다.

이렇게 해서 9세기에 만들어지는 나라가 바로 키예프 러시아입니다. 862년에 스칸디나비아의 류릭이라는 사람이 노브고로드에 정착하여 노브고로드 공국을 만들었고, 882년에 류릭의 측근인 올레그가 키예프에 정착하면서 키예프 공국을 세웁니다. 이 키예프 공국이 점차 주변의 슬라브 부족들을 굴복시켜 나가면서 세력을 키워나가게 되는데, 이 시기의 러시아를 '키예프 러시아'라고 부릅니다. 키예프 러시아는 러시아 최초의 국가로 처음에는 지방의 여러 공국들이 키예프 대공의 지배적인 권위를 인정하면서 세금을 바치는 느슨한 통일체였지만 점차 군사력을 강화하면서 이후 350년간 러시아 대지를 지배하게 됩니다.

Она́ написа́ла отцу́ письмо́.

동영상 강의

- 동사의 상: 불완료상과 완료상
- 불완료상과 완료상의 활용 I
- 시간 표현 II: 대격

Ты **прочита́ла** э́ту кни́гу?
너는 이 책을 다 읽었니?

Да, я **прочита́ла**.
응, 다 읽었어.

● 동사의 상: 불완료상과 완료상

모든 러시아어 동사들은 불완료상 혹은 완료상에 속하며, 일반적으로 불완료상과 완료상이 하나의 쌍을 이룹니다.

불완료상과 완료상의 의미

불완료상	완료상
① 진행 중인 행위 Когда́ А́нна **чита́ла** журна́л, она́ слу́шала му́зыку. 안나는 잡지를 읽으면서 음악을 들었다.	① 완료된 행위 Когда́ А́нна **прочита́ла** журна́л, она́ пошла́ в шко́лу. 안나는 잡지를 읽고 나서 학교에 갔다.
② 일반적인 사실 확인 Ты **чита́л** э́ту кни́гу? 너는 이 책을 읽었니?	② 구체적 사실 Ты **прочита́л** э́ту кни́гу? 너는 이 책을 다 읽었니?
③ 반복되는 행위 Ка́ждый день я **встава́л** в 8 часо́в. 매일 나는 8시에 일어났다.	③ 일회성 행위 Сего́дня я **встал** в 9 часо́в. 오늘은 9시에 일어났다.

불완료상과 완료상의 형태

불완료상 동사에 접두사를 첨가하거나 접미사를 교체해서 완료상 짝을 만들 수도 있고, 불완료상과 완료상이 서로 형태적으로 연관성이 없는 경우도 있습니다.

접두사 첨가		접미사 교체 (-а→-и)		불완료상과 완료상의 형태가 다른 경우	
불완료상	완료상	불완료상	완료상	불완료상	완료상
писа́ть	написа́ть	изуча́ть	изучи́ть	говори́ть	сказа́ть
ви́деть	уви́деть	отвеча́ть	отве́тить	сади́ться	сесть
чита́ть	прочита́ть	конча́ть	ко́нчить	брать	взять
де́лать	сде́лать	реша́ть	реши́ть	ложи́ться	лечь
учи́ть	вы́учить	встреча́ть	встре́тить		

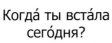

Когда́ ты вста́ла
сего́дня?

오늘 언제 일어났니?

В 6 часо́в.

여섯 시에.

● **불완료상과 완료상의 활용 Ⅰ**

불완료상은 всегда́(항상), ча́сто(자주), обы́чно(보통), иногда́(가끔), ре́дко(드물게) 등의 부사와
함께 쓰이고, 완료상은 вдруг(갑자기), неожи́данно(예기치 않게), сра́зу(단번에) 등의 부사와 함께 사
용됩니다.

| 불완료상 | Анто́н **ча́сто ви́дел** Та́ню в шко́ле. 안톤은 학교에서 자주 타냐를 보았다. |
| 완료상 | На у́лице он **вдруг уви́дел** Ни́ну. 그는 거리에서 갑자기 니나를 만났다. |

начина́ть(시작하다), конча́ть(끝내다) 동사들과는 불완료상이, забы́ть(잊다), успе́ть(성공하다) 동
사들과는 완료상이 쓰입니다.

불완료상	Я начина́ю **де́лать** дома́шнее зада́ние. 나는 숙제를 하기 시작한다.
	Он конча́ет **чита́ть** журна́л. 그는 잡지 읽기를 그만한다.
완료상	Она́ забы́ла **купи́ть** фру́кты. 그녀는 과일 사는 것을 잊었다.
	Я успе́ла **вы́учить** слова́. 나는 단어 외우기를 성공했다.

> **참고**
> 일부의 동사는 완료상, 불완료상이 같은 형태일 때도 있고, 불완료상만 가질 때도 있습니다.
> роди́ться 태어나다 (불완료 = 완료)　　　зави́сеть 의존하다 (불완료상만)
> наблюда́ть 관찰하다 (불완료상만)

● **시간 표현 Ⅱ: 대격**

~동안 ~을/를 하다: 대격 활용	Вы чита́ли кни́гу 2 **часа́**. 당신은 2시간 동안 책을 읽었습니다.
	Мы смотре́ли фильм 5 **часо́в**. 우리는 5시간 동안 영화를 보았습니다.
~만에 ~을/를 하다: 전치사 за + 대격	Вы прочита́ли кни́гу **за 2 часа́**. 당신은 2시간 만에 책을 다 읽었습니다.
~시에: 전치사 в + 대격	Сего́дня она́ вста́ла **в 6 часо́в**. 오늘 그녀는 6시에 일어났다.

Ты чита́л расска́зы Че́хова?

Да, чита́л.

Таня	Дохён, ты чита́л расска́зы Че́хова?
Дохён	Да, чита́л.
Таня	Каки́е расска́зы ты прочита́л?
Дохён	Я прочита́л «Да́ма с соба́чкой» и «В овра́ге». Они́ мне о́чень понра́вились.
Таня	Мне о́чень нра́вятся его́ пье́сы. Не хо́чешь ве́чером пойти́ в теа́тр? Там идёт «Ча́йка».
Дохён	С удово́льствием пойду́. Я позвоню́ тебе́, когда́ пообе́даю.

타냐	도현아, 체호프의 단편을 읽은 적이 있니?
도현	응, 읽었어.
타냐	어떤 단편을 (다) 읽었니?
도현	《개를 데리고 다니는 부인》과 《골짜기》를 다 읽었어. 아주 좋았어.
타냐	나는 체호프의 희곡이 마음에 들어. 저녁 때 극장에 가지 않을래? 《갈매기》가 상연되고 있거든.
도현	기꺼이 갈게. 점심 먹고 나서 너에게 전화할게.

> **참고**
> - пойти́는 '가다'라는 뜻의 идти́동사 앞에 접두사 по-를 붙여서 만든 완료상 동사입니다.
> - '(걸어서) 가다'를 의미하는 идти́ 동사는 영화나 연극이 상영, 상연 중이라는 뜻을 나타낼 때도 쓰입니다.
>
>   **Како́й фильм идёт в кино́?**
>   어떤 영화가 극장에서 상영 중이니?

대화 TIP

- нра́виться(마음에 들다) 동사는 늘 좋아하는 것, 완료상인 понра́виться 동사는 특정 계기를 통해 좋아하게 된 것을 의미합니다.

  Мне **нра́вится** чёрный цвет. 나는 검은색을 좋아한다.
  Вчера́ в магази́не я уви́дела чёрное пла́тье. Оно́ мне о́чень **понра́вилось**. 어제 가게에서 검은 원피스를 봤다. 내 마음에 쏙 들었다.

- нра́виться 동사는 마음에 드는 대상의 성, 수에 따라 변화합니다.

  Ты нам **нра́вишься**. 우리는 네가 좋다(네가 우리 마음에 든다).
  Мне понра́вилась э́та кварти́ра. 나는 이 아파트가 마음에 들었다.

새 단어 및 표현

расска́з 단편 소설
«Да́ма с соба́чкой»
《개를 데리고 다니는 부인》
«В овра́ге» 《골짜기》
пье́са 희곡
С удово́льствием 기꺼이
звони́ть 전화하다

Что ты дéлала вчерá вéчером?

Я ýжинала и читáла журнáлы.

Олег	Что ты дéлала вчерá вéчером?
Боми	Я ýжинала и читáла журнáлы.
Олег	Скóлько врéмени ты читáла журнáлы?
Боми	Три часá. Читáла допозднá, поэ́тому проспалá.
Олег	А во скóлько ты встáла сегóдня ýтром?
Боми	Обы́чно я встаю́ в 7 часóв, но сегóдня встáла в 9.

알렉	어제 저녁에 무엇을 했니?
보미	저녁을 먹고 잡지들을 읽었어.
알렉	잡지는 얼마 동안이나 읽었니?
보미	세 시간 동안. 밤 늦게까지 읽어서 늦잠을 잤어.
알렉	오늘 아침에는 몇 시에 일어났니?
보미	보통은 7시에 일어나는데, 오늘은 9시에 일어났어.

대화 TIP

- '~을/를 할 때 ~을/를 했다'의 의미는 불완료상 동사를, '~을/를 하고 나서 ~을/를 했다'는 완료상 동사를 씁니다.

  Когдá я **писáл** пи́сьма, А́нна **дéлала** домáшнее задáние.
  내가 편지를 쓸 때 안나는 숙제를 했다.

  Когдá А́нна **сдéлала** домáшнее задáние, онá **пошлá** в кинó.
  안나는 숙제를 마치고 나서 극장에 갔다.

- 불완료상 동사의 인칭 변화는 현재 시제를 나타내지만, 완료상 동사의 인칭 변화는 미래 시제를 나타냅니다.

  Я пишý письмó домóй. 나는 집에 편지를 쓴다.
  Зáвтра я напишý письмó домóй. 나는 내일 집에 편지를 쓸 것이다.

새 단어 및 표현

ýжинать 저녁 식사를 하다
врéмя 시간
скóлько врéмени 얼마 동안
допозднá 늦게까지
поэ́тому 그래서
проспáть 늦잠 자다
во скóлько 몇 시에
встать 일어나다

불완료상/완료상 동사

- 불완료상에 접두사를 첨가해서 완료상을 만드는 경우

	불완료상	완료상
접두사 **по** 첨가	**ду́мать** 생각하다 **за́втракать** 아침 식사하다 **идти́** 가다	**поду́мать** **поза́втракать** **пойти́**
접두사 **на** 첨가	**рисова́ть** 그리다	**нарисова́ть**
접두사 **вы** 첨가	**пить** 마시다	**вы́пить**
접두사 **про** 첨가	**жить** 살다	**прожи́ть**
접두사 **с** 첨가	**есть** 먹다	**съесть**
접두사 **у** 첨가	**слы́шать** 들리다	**услы́шать**

- 완료상에 음절을 삽입해서 불완료상을 만드는 경우

완료상	불완료상
откры́ть 열다	**открыва́ть**
закры́ть 닫다	**закрыва́ть**
забы́ть 잊다	**забыва́ть**
встать 일어나다	**встава́ть**
дать 주다	**дава́ть**

- 불완료상의 접미사를 교체해서 완료상을 만드는 경우

불완료상	완료상
броса́ть 던지다	**бро́сить**
включа́ть 포함시키다	**включи́ть**
ве́шать 걸다, 매달다	**пове́сить**

초대하기

Та́ня, я приглаша́ю тебя́ в го́сти на мой день рожде́ния.

Спаси́бо за приглаше́ние.

A 타냐, 내 생일에 너를 초대할게.

B 초대해 줘서 고마워.

Ма́ша, приходи́ ко мне́ на ча́шку ча́я.

С удово́льствием приду́!

A 마샤, 차 한잔하러 우리 집에 와.

B 좋아. 갈게.

> **참고**
> с удово́льствием은 '기꺼이'라는 뜻이지만 자연스러운 한국어로는 수락의 의미를 가지는 '좋다'로 해석합니다.

Ребя́та, проходи́те! Сади́тесь! Сейча́с бу́дем пить ко́фе.

Мне чай, пожа́луйста.

A 얘들아, 들어와. 앉아. 커피를 마시자.

B 나는 차 마실게.

> **참고**
> '나는 어떤 것을 먹겠다/마시겠다'는 의사를 표현할 때 간단하게 '여격 + 메뉴 종류'를 쓸 수 있습니다.
> Мне ко́фе. 나는 커피 마실래.

연습 **문제**

Упражнения

1 다음 불완료상 동사들 앞에 알맞은 접두사를 붙여서 완료상을 만들어 보세요.

(1) _____ писать

(2) _____ слышать

(3) _____ пить

(4) _____ жить

(5) _____ видеть

2 다음 불완료상 동사의 완료상 짝을 찾아서 연결해 보세요.

(1) изучать   •   • ① решить

(2) говорить   •   • ② взять

(3) забывать   •   • ③ сказать

(4) брать   •   • ④ изучить

(5) решать   •   • ⑤ забыть

3 다음 빈칸 안에 알맞은 동사의 과거형을 오른쪽 괄호 안에서 골라 넣어 보세요.

(1)

Когда Нина _____ газету,

Антон смотрел телевизор. (читать / прочитать)

(2)

Каждое утро я _____ в 8 часов.

(вставать / встать)

4 다음 문장 중에서 맞는 것을 골라 ○표 하세요.

(1) Я кончаю делать домашнее задание.   (   )

   Я кончаю сделать домашнее задание.   (   )

(2) Алексей успел учить новые слова.   (   )

   Алексей успел выучить новые слова.   (   )

듣기 ● 녹음을 듣고 질문에 답하세요.

(1) 안나는 얼마 동안 편지를 썼나요?

　① 1시간　　　② 2시간　　　③ 3시간　　　④ 4시간

(2) 다음 그림 중 대화에서 언급된 내용과 <u>다른</u> 것을 고르세요.

　①　　　　②　　　　③　　　　④

읽기 ● 다음 글을 잘 읽고 질문에 대답하세요.

В прошлом месяце каждый день мы начинали заниматься в 8 часов утра. Преподаватель спрашивал нас:

- Что вы делали вчера вечером?

Мы отвечали:

- Мы читали книгу, писали упражнения.

Преподаватель объяснял новые тексты и писал на доске новые выражения. Мы понимали почти всё.

(1) 지난달에 매일 몇 시부터 공부하기 시작했나요?

　① В час　　② в 9 часов　　③ в 8 часов　　④ в 7 часов

(2) 학생들이 어제 저녁 무엇을 했습니까?

　①　　　　②　　　　③　　　　④

(3) 선생님의 질문에 대한 학생들의 대답을 완료된 행위를 나타내는 표현으로 바꾸어서 다시 써 보세요.

　➡ _____

★ объяснять 설명하다 ｜ выражение 표현 ｜ почти 거의

러시아어

러시아어 공식 언어 국가

러시아어 사용 국가

　오늘날 약 2억 7천만 인구가 사용하고 있는 러시아어는 영어, 불어, 중국어, 스페인어, 아랍어와 함께 UN 6대 공용어 중 하나이며 유럽어 중에서는 모국어 화자가 가장 많은 언어입니다. 1991년 붕괴된 소련의 공용어였고, 소련 붕괴 이후 결성된 독립 국가 연합(CIS)에 소속된 여러 나라들에서 공용어 또는 국가 기관 공식 언어로 사용되고 있습니다.

　러시아어는 인도 유럽어족의 슬라브어파, 그중에서도 동슬라브어군에 속하는 언어로, 모스크바 방언을 기초로 하는 현대 러시아어 문어를 말합니다. 슬라브족은 서, 남, 동쪽으로 각각 이동하면서 점차 언어가 달라지게 되었으며, 지금의 러시아어는 동슬라브족이 사용한 방언 중 하나입니다. 13세기까지 동슬라브족이 공통으로 사용했던 동슬라브어는 몽골의 침입, 공국으로의 분열 등으로 인해 방언적으로 분화되어 러시아어, 우크라이나어, 벨라루스어 등으로 나누어지게 됩니다. 17–18세기 러시아가 급격한 서구화, 근대화 과정을 겪게 되면서 문어로서 러시아어가 더욱더 발전하게 되었고, 푸시킨을 비롯, 19세기 러시아 문학을 수놓은 작가들의 아름다운 작품을 통해 러시아어는 다른 유럽어 못지 않은 뛰어난 문어로 자리잡게 되었습니다.

　라틴 문자를 거꾸로 뒤집어 놓은 듯 보이는 러시아 문자는 러시아어를 처음 접하는 사람들을 적잖이 당황시킵니다. 슬라브인들에게 기독교를 전파하려는 목적으로 9세기경 그리스 문자를 토대로 하여 만든 이 문자는 많은 변화를 거친 이후, 그것을 고안한 사람의 이름을 따서 나중에 '키릴 문자'라고 불리게 됩니다. 기독교와 함께 러시아에 전해진 키릴 문자는 이후 표트르 대제의 문자개정, 소련의 정서법 개정 과정을 거쳐 단순화되면서 33개의 자모를 가진 오늘날의 모습을 갖추게 되었습니다.

Когда́ ты прие́хал в Росси́ю?

- 동작 동사 Ⅲ
- 형용사의 전치격
- 시간 표현 Ⅲ: 전치격

Когда́ ты **прие́хал**
в Росси́ю?

너는 언제 러시아에 왔니?

В январе́.

1월에.

● 동작 동사 Ⅲ

идти́, ходи́ть, е́хать, е́здить 등의 동작 동사의 앞에는 다양한 접두사가 붙어서 구체적인 방향이나
동작을 나타낼 수 있습니다. 한 방향으로 움직이는 것을 뜻하는 **идти́, е́хать**를 정태 동사, 여러 방향으로의
동작 혹은 갔다 오는 왕복의 의미를 뜻하는 **ходи́ть, е́здить**를 부정태 동사라고 부르는데, 정태 동사 앞에
접두사가 붙으면 완료상, 부정태 동사 앞에 접두사가 붙으면 불완료상 동사가 됩니다.

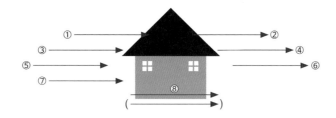

		идти́	ходи́ть	е́хать	е́здить
		접두사 첨가 ↓			
접두사	의미	완료상	불완료상	완료상	불완료상
① в(о)	들어가다	войти́	входи́ть	въе́хать	въезжа́ть
② вы	나가다	вы́йти	выходи́ть	вы́ехать	выезжа́ть
③ при	도착하다(오다)	прийти́	приходи́ть	прие́хать	приезжа́ть
④ у	떠나다(가다)	уйти́	уходи́ть	уе́хать	уезжа́ть
⑤ под(о)	다가가다	подойти́	подходи́ть	подъе́хать	подъезжа́ть
⑥ от(о)	멀어지다	отойти́	отходи́ть	отъе́хать	отъезжа́ть
⑦ до	도달하다	дойти́	доходи́ть	дое́хать	доезжа́ть
⑧ про	통과하다(옆을 지나가다)	пройти́	проходи́ть	прое́хать	проезжа́ть

Том **вхо́дит** в ко́мнату.

톰은 방으로 들어가고 있다.

Том **выхо́дит** из ко́мнаты.

톰은 방에서 나오고 있다.

Где живут твои родители?

너희 부모님은 어디 사시니?

В **но́вом** райо́не.

신시가지에.

● 형용사의 전치격

형용사의 전치격 어미는 남성, 중성의 경우 **-ом, -ем**, 여성의 경우 **-ой, -ей**입니다.

но́вый(새로운), **хоро́ший**(좋은)의 전치격

	남성		여성		중성	
주격	но́вый	хоро́ший	но́вая	хоро́шая	но́вое	хоро́шее
전치격	но́вом	хоро́шем	но́вой	хоро́шей	но́вом	хоро́шем

Она́ живёт в **хоро́шем** до́ме. 그녀는 좋은 집에 산다.

Я была́ в **краси́вой** кварти́ре. 나는 아름다운 아파트에 갔었다.

Мы жи́ли в **Ни́жнем** Но́вгороде. 우리는 니즈니 노브고로드에서 살았다.

지시 대명사의 **э́тот**(이~, 이번의)의 전치격

	남성	여성	중성
주격	э́тот	э́та	э́то
전치격	(об) э́том	(об) э́той	(об) э́том

● 시간 표현 Ⅲ: 전치격

'몇 월에', '몇 년도에', '몇 주에'라는 시간을 표현할 때 전치격을 활용합니다. 월(**ме́сяц**), 연도(**год**)의 경우 전치사 **в**와 함께, 주(**неде́ля**)의 경우 **на**와 함께 씁니다.

Он был у роди́телей **в э́том году́**. 그는 올해에 부모님 댁에 갔었다.

Ни́на прие́хала из Москвы́ **в э́том ме́сяце**. 니나는 이번 달에 모스크바에서 왔다.

На́ши уро́ки зако́нчились **на э́той неде́ле**. 우리 수업은 이번 주에 끝났다.

Когда́ вы прие́хали в Росси́ю?

В про́шлом году́.

Борис Петрович	Линлин, вы рабо́таете или у́читесь?
Линлин	Я учу́сь в институ́те.
Борис Петрович	В како́м институ́те?
Линлин	В экономи́ческом.
Борис Петрович	А когда́ вы прие́хали в Росси́ю?
Линлин	В про́шлом году́.
Борис Петрович	Ва́ши друзья́ то́же у́чатся зде́сь?
Линлин	Нет, они́ уе́хали в Кита́й в про́шлом ме́сяце.

보리스 페트로비치	링링, 당신은 직장에 다니나요, 아니면 공부하는 학생인가요?
링링	저는 대학에서 공부해요.
보리스 페트로비치	어느 대학에서 공부하나요?
링링	경제 대학이요.
보리스 페트로비치	당신은 언제 러시아에 왔나요?
링링	작년에요.
보리스 페트로비치	당신의 친구들도 역시 여기서 공부하나요?
링링 페트로비치	아니요, 그들은 지난달에 중국으로 떠났어요.

참고
- како́м은 какой의 전치격입니다.
- В про́шлом году́.의 완전한 형태의 문장은 Я прие́хала в Росси́ю в про́шлом году́. 입니다.

대화 TIP

- 한 방향으로 교통수단을 타고 이동하는 것을 뜻하는 е́хать 동사 앞에 접두사 при를 붙여서 '도착하다', '오다'를 뜻하는 прие́хать를 만들었습니다. 다른 나라에서 온 외국인에게 '언제 이곳에 왔습니까'라고 물을 때 прие́хать 동사의 과거형을 쓰면 됩니다.

  Когда́ вы **прие́хали** в Коре́ю? 당신은 언제 한국에 왔나요?

- год(해, 년)은 다른 명사들과는 달리 -у가 붙어서 전치격으로 변화됩니다. про́шлый(과거의), э́тот(이번의), бу́дущий(미래의) 등과 함께 쓰여서 작년, 올해, 내년의 의미를 나타냅니다.

про́шлый год 작년	в **про́шлом** году́ 작년에
э́тот год 올해	в **э́том** году́ 올해에
бу́дущий год 내년	в **бу́дущем** году́ 내년에

새 단어 및 표현

Вы рабо́таете или у́читесь?
일을 하나요, 공부를 하나요?
(직장인인가요, 학생인가요?)

институ́т 대학, 연구소
экономи́ческий 경제의
прие́хать 오다, 도착하다
уе́хать 가다, 떠나다
про́шлый 과거의, 지난

Где живу́т твои́ роди́тели?

Они́ живу́т в но́вом райо́не.

Олег	Бо́ми, твои́ роди́тели то́же живу́т в Москве́?
Боми	Нет, они́ живу́т в Сеу́ле, в но́вом райо́не.
Олег	Како́й э́то райо́н?
Боми	Он небольшо́й, но ую́тный. Там есть ра́зные магази́ны и рестора́ны.
Олег	Как дое́хать до э́того райо́на из це́нтра го́рода?
Боми	Мо́жно дое́хать и на метро́ и на авто́бусе.

알렉	보미야, 너희 부모님도 모스크바에 사시니?
보미	아니, 부모님은 서울에 사셔. 새로 개발된 동네에.
알렉	그곳은 어떤 곳이니?
보미	크지는 않지만 쾌적한 곳이야. 거기에는 다양한 가게들과 식당들도 있어.
알렉	시내에서 그 동네까지 가려면 어떻게 가야 하니?
보미	지하철을 타도 되고 버스를 타도 돼.

참고

여행을 다녀오거나 먼 곳에서 도착한 사람에게 동사 **дое́хать**를 써서 **Как дое́хали?**라고 물어보면 '여행은 어땠습니까?', '잘 다녀오셨나요?'의 뜻을 나타낼 수 있습니다.

대화 TIP

전치사 **до**는 '어디까지' 혹은 '~(시간상) 전까지'의 의미를 표현하며, 명사의 생격과 함께 쓰입니다.

Как мо́жно дойти́ **до теа́тра**? 극장까지 어떻게 갈 수 있나요?
А́нна пришла́ **до обе́да**. 안나는 점심시간 전에 왔다.
Мы верну́лись **до шести́**. 우리는 여섯 시 전까지 돌아왔다.

새 단어 및 표현

райо́н 구역, 동네
ую́тный 쾌적한, 안락한
ра́зный 다양한
рестора́н 식당, 레스토랑
дое́хать ~까지 가다
до(+ 생격) ~까지
как дое́хать до
~까지 어떻게 가나요?
из(+ 생격) ~(으)로부터
центр го́рода 시내, 도심

교통수단 및 이동 관련 단어

автобус
버스

трамва́й
트람바이(전차)

автобусная остано́вка
버스 정류장

метро́
지하철

такси́
택시

маши́на
자동차

тролле́йбус
트롤버스

ста́нция метро́
지하철역

стоя́нка такси́
택시 정류장

у́лица
거리

проспе́кт
대로

пло́щадь
광장

самолёт
비행기

по́езд
기차

кора́бль
배

пешехо́дный перехо́д
횡단보도

- **идти́ пешко́м** 걸어가다
- **е́хать на чём** ~을/를 타고 가다

길 묻기

Где нахо́дится
Кра́сная пло́щадь?

Она́ нахо́дится в
це́нтре го́рода.

A 붉은 광장이 어디 있나요?

B 시내에 있습니다.

Как дойти́ до
кинотеа́тра «Росси́я»?

Иди́те пря́мо до угла́,
а пото́м нале́во.

A '러시아'라는 영화관까지 어떻게
가나요?

B 모퉁이까지 쭉 걸어가셨다가
왼쪽으로 가세요.

Как дое́хать до
Театра́льной
пло́щади?

Туда́ идёт тролле́йбус
No. 10.

A 극장 광장까지 어떻게 가나요?

B 거기까지 10번 트롤버스가 가요.

A의 기타 표현

Как добра́ться до …?
= Как попа́сть на (в) …?
~까지 어떻게 가나요?

참고

위의 표현 앞에 부탁, 질문을 뜻하는 다음 표현들을 첨가할 수
있습니다.

Скажи́те, пожа́луйста, где нахо́дится …?
~이/가 어디에 있는지 말씀해 주실래요?

Вы не ска́жете, где нахо́дится …?
~이/가 어디에 있는지 말씀해 주실 수 없나요?

Извини́те, вы не зна́ете, где нахо́дится …?
죄송하지만 ~이/가 어디에 있는지 혹시 모르시나요?

문법

1 주어진 동사를 주어에 알맞게 변화시켜 보세요.

(1) Иван _____ в комнату. (входить)

(2) Обычно мои друзья _____ к нам в августе. (приезжать)

(3) Андрей _____ на лекции каждый день. (приходить)

2 다음 문장의 반대 의미를 가지는 문장을 만들어 보세요.

(1) Анна вошла в школу. → _____.

(2) Мой отец приехал в Москву. → _____.

(3) Машина подъехала к театру. → _____.

(4) Мы уехали из Петербурга. → _____.

(5) Врач пришёл на работу. → _____.

3 주어진 형용사를 알맞게 변화시켜 보세요.

(1)

Алёша живёт в _____ доме. (новый)

(2)

Они живут в _____ городе. (большой)

(3)

Нина живёт в _____ квартире. (хороший)

4 빈칸에 알맞은 표현을 쓰세요.

(1) Мы были в Киеве в _____ _____. (작년에)

(2) Таня приехала к нам в _____ _____. (지난달에)

(3) Занятия закончатся на _____ _____. (이번 주에)

녹음을 듣고 질문에 답하세요.

(1) 볼쇼이 극장은 어디에 위치하고 있나요?

① на Красной площади

② на Театральной площади

③ на Пушкинской площади

④ на Марсовом поле

(2) 볼쇼이 극장에는 어떻게 갈 수 있나요?

①    ②    ③    ④

다음 글을 잘 읽고 질문에 대답하세요.

Меня зовут Клаус. Я немец. Я живу в Петербурге, в общежитии. Общежитие находится на Невском проспекте. Я учусь в Санкт-Петербургском государственном университете. До университета можно доехать на автобусе. Мой брат работает в немецкой фирме. Фирма находится недалеко от Русского музея. На работу он ездит на метро.

(1) Откуда приехал Клаус?

① из Англии   ② из Германии   ③ из Франции   ④ из Финляндии

(2) Как можно доехать до университета?

①    ②    ③    ④

(3) 클라우스의 형은 어떤 회사에서 근무하나요?

① 독일 회사   ② 영국 회사   ③ 스페인 회사   ④ 프랑스 회사

(4) 클라우스의 형은 어떻게 직장에 다니나요?

① 버스 타고   ② 걸어서   ③ 지하철 타고   ④ 택시 타고

차이코프스키와 러시아 음악

19세기 러시아 음악을 대표하는 작곡가 중 차이코프스키에 대해 알아보겠습니다.

차이코프스키
Чайко́вский

19세기 전반 러시아에서는 작곡가 글린카와 국민음악파 등을 중심으로 민족주의적 성향의 음악이 발전했습니다. 러시아 5인조라고 불린 국민음악파와 동시대를 살았지만 조금 다른 궤적을 보여 주는 작곡가가 바로 차이코프스키(1840~1893)입니다. 차이코프스키는 페테르부르크 음악원을 1기로 졸업하고 모스크바 음악원에서 교편을 잡았습니다. 초기에는 러시아 5인조들과 친교를 하면서 민족주의적 성향의 작품을 쓰기도 했는데, 이 시기 차이코프스키의 대표작으로는 〈로미오와 줄리엣〉 환상 서곡, 〈피아노 협주곡 제1번〉이 있습니다. 특히 〈피아노 협주곡 제1번〉은 지구상에 악기가 사라진다고 해도 이 곡만큼은 남아 있을 것이라는 말이 있을 정도로 잘 알려져 있고 많은 사랑을 받은 곡입니다.

차이코프스키는 1870년대 중반부터 유럽 고전주의적 양식에 심취하면서 민족주의적 성향에서 벗어나 러시아 음악이 현대적이고 보편적인 음악 중 하나로 자리매김하길 원했습니다. 오페라 〈예브게니 오네긴〉, 〈스페이드의 여왕〉을 보면 그 배경이 유럽화된 러시아인 것을 알 수 있습니다. 〈백조의 호수〉, 〈잠자는 숲속의 미녀〉, 〈호두까기 인형〉 등 대표적 발레 음악도 이 시기에 만들어졌습니다. 차이코프스키의 음악은 러시아 음악사의 전환점이 되었다는 평가를 받습니다. 슬픔이 넘치는 선율로 가슴을 적시는 피아노의 대가 라흐마니노프, 독자적인 화성어법을 창시한 스크랴빈, 자유로운 리듬으로 현대 음악을 만들어 낸 스트라빈스키 등 차이코프스키 이후에도 러시아 음악은 계속해서 우리에게 깊은 감동을 선사해 주고 있습니다.

Я прочита́ю э́ту газе́ту ве́чером.

- 불완료상과 완료상의 활용 Ⅱ
- 조격 활용
- 형용사의 조격

Ты **чита́ла** э́ту газе́ту?
너는 이 신문을 읽었니?

Я **прочита́ю** её ве́чером.
저녁에 다 읽을 거야.

● 불완료상과 완료상의 활용 II

단순 미래: 미래 시제를 나타내는 완료상

완료상 동사의 인칭 변화는 미래 시제를 나타냅니다.

Сего́дня ве́чером я **прочита́ю** э́ту кни́гу. 오늘 저녁 나는 이 책을 (다) 읽을 것이다.

Оле́г **сде́лает** дома́шнее зада́ние. 알렉은 숙제를 (다) 할 것이다.

'**быть** 동사 미래 시제 + 불완료상 동사 원형' 형태로 만들어지는 합성 미래는 미래에 있을 행위 사실 자체나 미래에 진행될 행위를 의미하지만, 완료상 동사로 만들어지는 단순 미래는 미래에 있을 행위가 완료될 것임을 강조합니다.

합성 미래
За́втра я **бу́ду обе́дать** с Та́ней.
내일 나는 타냐와 점심 식사를 할 것이다.

단순 미래
За́втра я **пообе́даю** с Та́ней и пойду́ в теа́тр.
내일 나는 타냐와 점심 식사를 하고 (마치고) 극장에 갈 것이다.

시제별로 불완료상/완료상의 의미를 **писа́ть**(쓰다) 동사를 예로 들어 다음과 같이 정리할 수 있습니다.

		과거	현재	미래
불완료상	писа́ть	Я писа́л. 썼다. 쓰고 있었다.	Я пишу́. 쓴다. 쓰고 있다.	Я бу́ду писа́ть. 쓸 것이다. 쓰고 있을 것이다.
완료상	написа́ть	Я написа́л. 다 썼다.		Я напишу́. 다 쓸 것이다.

가까운 미래에 있을 행위

가까운 미래에 있을 행위를 하겠다는 의지를 표할 때 불완료상 현재 시제를 쓸 수 있습니다.

Ве́чером я **иду́** в теа́тр. 저녁에 나는 극장에 간다(갈 것이다).

За́втра мы **е́дем** в Петербу́рг. 내일 우리는 페테르부르크에 간다(갈 것이다).

Кем рабо́тает твой оте́ц?
너의 아버지 직업이 무엇이니?

Он рабо́тает инжене́ром.
그는 엔지니어이셔.

참고
чем은 의문 대명사 что(무엇)의, кем은 кто(누구)의 조격 형태입니다.

● 조격 활용

신분, 직업, 행위자를 나타낼 때

(1) 신분, 직업

Моя́ мать рабо́тает **врачо́м**.
나의 어머니는 의사이다.

А́нна рабо́тает **медсестро́й**.
안나는 간호사이다.

(2) 행위자 (수동태 문장에서)

Доро́га стро́ится **на́ми**. 길은 우리에 의해 지어진다.

특정 동사와 함께 쓰일 때

быть(~이다), стать(되다), занима́ться(~을/를 하다), интересова́ться(관심이 있다) 등의 동사와 함께 쓰입니다.

Андре́й был **учи́телем**.
안드레이는 선생님이었다.

Та́ня хо́чет стать **музыка́нтом**.
타냐는 음악가가 되고 싶어 한다.

Он занима́ется **спо́ртом**.
그는 운동을 한다.

Я интересу́юсь **му́зыкой**.
나는 음악에 관심이 있다.

● 형용사의 조격

형용사의 조격 어미는 남성, 중성의 경우 **-ым, -им**, 여성의 경우 **-ой, -ей**입니다.

но́вый(새로운), хоро́ший(좋은)의 조격

	남성		여성		중성	
주격	но́вый	хоро́ший	но́вая	хоро́шая	но́вое	хоро́шее
조격	но́вым	хоро́шим	но́вой	хоро́шей	но́вым	хоро́шим

Са́ша хо́чет стать **хоро́шим** режиссёром. 싸샤는 좋은 감독이 되고 싶어 한다.

Ни́на интересу́ется **класси́ческой** му́зыкой. 니나는 클래식 음악에 관심이 있다.

Я прочита́ю её
ве́чером.

Ты чита́ла э́ту газе́ту?

Олег	Боми, когда́ ты начина́ешь чита́ть газе́ты?
Боми	Я начина́ю чита́ть газе́ты в 9 часо́в утра́.
Олег	Ты чита́ла э́ту сего́дняшнюю газе́ту?
Боми	Пока́ не чита́ла. Сего́дня у́тром ко мне пришли́ го́сти, и я была́ о́чень занята́. Я прочита́ю её ве́чером.
Олег	Что ты бу́дешь де́лать, когда́ прочита́ешь её?
Боми	Я бу́ду гото́вить у́жин.

알렉	보미, 너는 언제 신문들을 읽기 시작하니?
보미	나는 아침 9시에 신문들을 읽기 시작해.
알렉	오늘 신문은 읽었니?
보미	아직 못 읽었어. 오늘 아침에 손님들이 오셔서 매우 바빴거든. 저녁에 다 읽을 거야.
알렉	신문을 다 읽고 나면 무엇을 할 거니?
보미	나는 저녁 식사를 준비할 거야.

대화 TIP

- 불완료상 동사를 활용한 질문은 단순히 사실을 확인하는 질문이지만 완료상 동사를 사용해서 묻는다면 그것은 끝까지 다 읽었는지, 행위의 완료 여부를 묻는 질문이 됩니다.

  Ты чита́л э́ту газе́ту? 너는 이 신문을 읽었니?
  Ты прочита́л э́ту газе́ту? 너는 이 신문을 다 읽었니?

- 완료상 동사는 하나의 행위가 완료되고 다른 행위가 이어질 때 활용할 수 있습니다.

  Я бу́ду гото́вить у́жин. 나는 저녁 식사를 준비할 것이다.
  Я пригото́влю у́жин и пойду́ в клуб. 나는 저녁 식사를 준비하고 클럽에 갈 것이다.

새 단어 및 표현

газе́та 신문
у́тро 아침
сего́дняшний 오늘의
ко мне 나에게, 우리 집으로
занято́й 바쁜
гото́вить 준비하다, 요리하다
у́жин 저녁 식사

Кем рабо́тает твой оте́ц?

Мой оте́ц рабо́тает архите́ктором.

Таня	Дохён, кем рабо́тает твой оте́ц?
Дохён	Мой оте́ц рабо́тает архите́ктором. Он стро́ит высо́кие зда́ния.
Таня	Ты то́же хо́чешь стать архите́ктором?
Дохён	Нет, я хочу́ стать юри́стом. Сейча́с я учу́сь на юриди́ческом факульте́те.
Таня	Что ты де́лаешь в свобо́дное вре́мя? Чем ты интересу́ешься?
Дохён	Я интересу́юсь му́зыкой, осо́бенно класси́ческой. Поэ́тому в свобо́дное вре́мя я слу́шаю му́зыку.

타냐	도현아, 너의 아버지 직업이 무엇이니?
도현	나의 아버지는 건축가이셔. 그는 높은 건물들을 지으셔.
타냐	너도 역시 건축가가 되기를 원하니?
도현	아니, 나는 법률가가 되고 싶어. 지금 나는 법학 대학에서 공부하고 있어.
타냐	여가 시간에 너는 무엇을 하니? 무엇에 관심 있니?
도현	나는 음악, 특히 클래식 음악에 관심이 있어. 그래서 여가 시간에 음악을 들어.

참고

'고도가 높은', '고층의'를 표현할 때에는 형용사 **высо́тный**를 쓸 수 있습니다.

высо́тное зда́ние 고층 건물

대화 TIP

러시아 대학교는 다양한 **факульте́т**(학부)으로 구성되어 있습니다.

филологи́ческий факульте́т 언어문학학부
медици́нский факульте́т 의학부
экономи́ческий факульте́т 경제학부
хими́ческий факульте́т 화학부

위 전공을 한 사람들을 다음과 같이 부릅니다.

фило́лог 언어문학 전공자　　　　　　**ме́дик** 의학 전공자
экономи́ст 경제학 전공자　　　　　　**хи́мик** 화학 전공자

새 단어 및 표현

архите́ктор 건축가
стро́ить 짓다, 건설하다
зда́ние 건물
юри́ст 법률가
юриди́ческий 법의
факульте́т 학부, 단과 대학
в свобо́дное вре́мя
여가 시간에
осо́бенно 특히
класси́ческий 고전의, 클래식의

외모와 성격을 표현하는 형용사

худо́й
마른

то́лстый
뚱뚱한

высо́кий
(키가) 큰

невысо́кий
(키가) 작은

до́брый
선한

злой
악한

весёлый
즐거운

ску́чный
지루한

ще́дрый
통이 큰

скупо́й
통이 작은

трудолюби́вый
근면한

лени́вый
게으른

акти́вный
열정적인

пасси́вный
수동적인

참고
краси́вый 잘생긴
некраси́вый 못생긴

178

취미 묻기

Чем вы интересу́етесь?

Я интересу́юсь литерату́рой.

A 무엇에 관심이 있나요?
B 나는 문학에 관심이 있어요.

Чем вы увлека́етесь?

Я увлека́юсь о́перой.

A 무엇에 매력을 느끼나요?
B 나는 오페라에 끌려요.

Како́е у вас хо́бби?

Моё хо́бби– теа́тр.

A 당신의 취미는 무엇인가요?
B 나의 취미는 연극입니다.

A의 기타 표현

Чем вы занима́етесь в свобо́дное вре́мя?
여가 시간에 무엇을 하시나요?

B의 기타 표현

Я собира́ю ма́рки.
나는 우표를 수집해요.

연습 문제
Упражнения

 1 주어진 동사를 이용해서 합성 미래 시제를 만들어 보세요.

(1) Завтра вечером я _____ журнал. (читать)

(2) Анна _____ домашнее задание. (делать)

(3) Иван _____ новые слова. (учить)

(4) Мы _____ сочинение. (писать)

2 1번에서 주어진 동사들의 완료상을 이용해서 아래의 그림에 맞게 빈칸에 단순 미래 시제를 넣어 보세요.

(1)

Я _____ журнал.

(2)

Анна _____ домашнее задание.

(3)

Иван _____ новые слова.

(4)

Мы _____ сочинение.

3 주어진 단어를 알맞은 형태로 변화시키세요.

(1) Моя сестра работает _____. (врач)

(2) Сергей хочет стать _____. (артист)

(3) Я интересуюсь _____. (опера)

(4) Антон любит заниматься _____. (спорт)

(5) Здание строится _____. (они)

듣기 ● 녹음을 듣고 질문에 답하세요.

093

(1) 도현이의 취미는 무엇인가요?

① 음악 감상   ② 연극 관람   ③ 영화 감상   ④ 축구 관람

(2) 보미가 좋아하는 음악은 어떤 종류인가요?

①   ②    ③    ④

읽기 ● 다음 글을 잘 읽고 질문에 대답하세요.

В субботу я обычно езжу на экскурсии или хожу в театр. В прошлую субботу я ездил на экскурсию в Суздаль. В эту субботу я собираюсь пойти в Мариинский театр и посмотреть балет «Лебединое озеро». В следующую субботу поеду на экскурсию в Новгород.

(1) 토요일에 내가 하지 <u>않는</u> 것은 무엇인가요?

①   ②   ③    ④

(2) 지난 토요일에 갔던 곳은 어디인가요?

① Новгород   ② Мариинский театр
③ Суздаль   ④ Петербург

(3) 위 글에서 나오는 발레의 제목은 무엇인가요?

① 잠자는 숲속의 미녀   ② 호두까기 인형
③ 백조의 호수   ④ 페트루시카

러시아의 크리스마스는 1월 7일!

세계 대부분의 지역에서 12월 25일은 예수님의 생일을 기념하는 크리스마스입니다. 그러나 러시아에서는 1월 7일이 크리스마스랍니다. 신력인 그레고리력이 도입된 이후에도 러시아 사람들은 크리스마스는 예전의 구력 즉, 율리우스력을 따랐습니다. 그래서 12월 25일보다 13일 가량 늦은 1월 7일에 그리스 정교식의 크리스마스를 맞이하게 되었습니다.

그래서 러시아의 새해 연휴는 1월 1일에 시작해서 크리스마스를 맞이하는 7일 정도까지 길게 이어집니다. 러시아에서 크리스마스는 종교가 없는 사람들도 가족들과 함께 지내는 전통 명절로 자리 잡았습니다. 정교 신자들은 크리스마스 전날 성탄 전야 예배에 참여합니다.

모스크바에 위치한 구세주 그리스도 대성당(Храм Христа Спасителя)은 세계에서 가장 높은 정교회 성당입니다. 그곳에서 매년 열리는 성탄 전야 예배에는 6천 명 이상의 시민들이 참석합니다. 1883년 건립된 이 성당은 소비에트 궁전을 짓겠다는 야심을 보였던 스탈린에 의해서 1931년 파괴되었다가 1999년에 복원되었습니다.

전통적으로 크리스마스 아침에는 어린아이들과 젊은이들이 베들레헴의 별을 상징하는 별 모형을 들고 각 집을 돌아다니면서 예수 그리스도를 찬양하는 노래를 불렀습니다. 여러 집을 돌아다니면서 집 주인의 행복을 기원하고 축복하는 풍습이 있었다고 하는데, 여기에는 크리스마스와 그 시기가 겹치는 고대 슬라브인들의 전통 명절인 '스뱌트키Святки'의 영향이 있기 때문입니다. 크리스마스인 1월 7일부터 19일전까지 이어졌던 스뱌트키 기간에 사람들은 자연을 숭배하고 풍년을 기원하는 여러 의식을 치렀는데, 지금은 이런 스뱌트키의 풍습이 일부 시골에만 남아 있지만, 크리스마스를 기념하는 러시아 사람들의 마음 속에도 여전히 녹아 있다고 할 수 있겠습니다.

Кни́га стои́т на по́лке.

동영상 강의

- 상태(стоя́ть, лежа́ть)와 동작(ста́вить, класть)을 나타내는 동사 I

- 여격 활용

- 형용사의 여격

Где **стои́т** кни́га?
어디에 책이 놓여 있습니까?

Кни́га **стои́т** на по́лке.
선반에 세워져 있습니다.

● 상태(**стоя́ть**, **лежа́ть**)와 동작(**ста́вить**, **класть**)을 나타내는 동사 I

놓여 있는 상태를 나타내는 동사

'~에 놓여 있다'는 상태의 의미는 놓여 있는 모양에 따라 **стоя́ть**(서 있다), **лежа́ть**(누워 있다) 두 가지 동사 중 선택할 수 있습니다. 세워져 있을 경우에는 **стоя́ть**, 뉘어져 있을 때에는 **лежа́ть**를 씁니다.

Кни́га **стои́т** на по́лке.
책이 선반에 (세워져) 있습니다.

Кни́га **лежи́т** на столе́.
책이 책상에 놓여 있습니다.

놓는 동작을 나타내는 동사

'~에 놓다'는 동작의 의미 역시 놓이는 모양에 따라 **ста́вить**(세우다), **класть**(놓다) 두 가지 동사 중 선택할 수 있습니다. 세워 놓을 때에는 **ста́вить**, 뉘어 놓을 때에는 **класть**를 씁니다.

Она́ **ста́вит** кни́гу на по́лку.
그녀는 책을 선반에 (세워) 놓는다.

Она́ **кладёт** кни́гу на стол.
그녀는 책을 책상에 놓는다.

> **주의**
>
> '~에 놓여 있다'라는 뜻의 위치를 나타내는 동사 뒤에는 전치사 **в**, **на**뒤에 전치격이 오고, '~에 놓다'라는 뜻의 동작을 나타내는 동사 뒤에는 전치사 **в**, **на**뒤에 대격이 옵니다. 전치격은 위치를 나타낼 때, 대격은 방향성을 나타낼 때 쓰이기 때문입니다.
>
> **전치격** в шкафу́ 책장(장롱) 안에
>   на столе́ 책상 위에
>
> **대격** в шкаф 책장(장롱) 안으로
>   на стол 책상 위로

'놓았다'를 뜻하는 과거 시제

현재 시제는 불완료상 동사가 쓰이고, '~에 놓았다'라는 동작의 과거 시제는 의미상으로 완료된 행위를 가리킬 때 완료상 동사를 씁니다.

불완료	완료	불완료	완료
ста́вить	поста́вить	класть	положи́ть

Ни́на **поста́вила** ла́мпу на стол.
니나는 램프를 책상에 (세워) 놓았다.

Андре́й **положи́л** ве́щи в чемода́н.
안드레이는 물건들을 여행 가방에 넣었다.

Что **мне** ну́жно
де́лать?
내가 무엇을 해야 하니?

Помоги́ **мне**,
пожа́луйста.
나를 좀 도와줘.

● **여격 활용**

여격은 행위를 받는 대상 즉, '~에게'라는 의미 외에도 다양한 무인칭문의 의미 주어를 표현할 때, 그리고 특정
동사와 함께 쓰입니다.

무인칭문의 주어

(1) 날씨 표현

Мне хо́лодно. 나는 추워요.　　　　　**Вам** не жа́рко? 당신은 덥지 않나요?

(2) 몸과 마음 상태 표현

Мне бо́льно. 나는 아파요.　　　　　**Вам** не сты́дно? (당신은) 부끄럽지 않나요?

(3) 허락/가능, 금지, 의무/필요 표현

허락/가능	**Мне** мо́жно **вы́йти**? 제가 나가도 될까요?
금지	**Вам** нельзя́ танцева́ть на у́лице. 당신은 길거리에서 춤을 추면 안 됩니다.
의무/필요	**Нам** ну́жно изуча́ть ру́сский язы́к. 우리는 러시아어를 공부해야 해.

특정 동사와 함께

ве́рить(믿다), помога́ть(돕다), зави́довать(부러워하다) 등의 동사와 함께 쓰입니다.

Я ве́рю **тебе́**. 나는 너를 믿는다.

А́нна помога́ет **Ни́не**. 안나는 니나를 도와준다.

Оле́г зави́дует **Ива́ну**. 알렉은 이반을 부러워한다.

● **형용사의 여격**

남성, 중성 형용사 여격 어미는 -ому, -ему이며, 여성 형용사 여격 어미는 -ой, -ей입니다.

형용사 но́вый(새로운), **хоро́ший**(좋은)의 여격

	남성		여성		중성	
주격	но́вый	хоро́ший	но́вая	хоро́шая	но́вое	хоро́шее
여격	но́вому	хоро́шему	но́вой	хоро́шей	но́вому	хоро́шему

Куда́ ты положи́ла ключ?

Он лежи́т на столе́.

Олег	Бо́ми, ты не хо́чешь пойти́ в го́род? Сего́дня наш пе́рвый день в Екатеринбу́рге.
Боми	Дава́й снача́ла поста́вим су́мки и пойдём.
Олег	На у́лице не хо́лодно?
Боми	Хо́лодно. Ка́жется, ну́жно наде́ть пальто́. Где оно́?
Олег	Оно́ виси́т на стене́. А куда́ ты положи́ла ключ?
Боми	Я положи́ла его́ на стол. Он лежи́т на столе́.

알렉	보미야, 시내 가 보지 않을래? 오늘이 예카테린부르크에서의 첫날이잖아.
보미	가방 먼저 내려놓고 가 보자.
알렉	밖에는 안 추울까?
보미	추워. 외투를 입어야 할 것 같아. 외투가 어디 있지?
알렉	벽에 걸려 있어. 열쇠는 어디에 두었니?
보미	책상에 두었어. 열쇠는 책상 위에 놓여 있어.

참고

'~을/를 하자'라는 의미의 **дава́й** 뒤에는 위의 경우처럼 완료상 동사의 1인칭 복수형 즉, **мы**에 해당하는 동사 변화형이 올 수도 있고, 불완료상 동사의 동사 원형이 올 수도 있습니다.

Дава́й **поста́вим** су́мки.
= Дава́й **ста́вить** су́мки.
가방을 놓자.

대화 TIP

• стоя́ть, лежа́ть와 같이 висе́ть 동사는 위치를 나타내며 '~에 걸려 있다'는 뜻을 가집니다.

Ку́ртка **виси́т** на ве́шалке. 점퍼가 옷걸이에 걸려 있다.

• '~을/를 걸다'라는 행위를 나타내기 위해서는 ве́шать(불완료) / пове́сить(완료) 동사를 씁니다.

Я **пове́сила** ку́ртку на ве́шалку. 나는 코트를 벽에 걸었다.

새 단어 및 표현

пе́рвый 첫 번째의
дава́й ~하자 (영어의 let's)
у́лица 거리
на у́лице 거리에, 밖에
хо́лодно 춥다
ка́жется ~인 듯하다
наде́ть 입다
пальто́ 외투(긴 코트)
висе́ть 걸려 있다
ключ 열쇠

186

대화 ❷

Диалог 2

095

Что мне ну́жно де́лать?

Тебе́ ну́жно помо́чь мне.

Олег	Ма́ма, ты зна́ешь, что сего́дня у нас бу́дут го́сти?
Анна Ивановна	Ой, я совсе́м забы́ла. Ещё ничего́ не гото́во.
Олег	Всё бу́дет в поря́дке. Что мне ну́жно де́лать?
Анна Ивановна	Тебе́ ну́жно помо́чь мне. Снача́ла положи́ на стол ло́жки и ви́лки.
Олег	Что ещё?
Анна Ивановна	Поста́вь бока́лы и буты́лки.

알렉	엄마, 오늘 우리 집에 손님 오시는 거 아시죠?
안나 이바노브나	어머나, 까맣게 잊었구나. 아직 아무것도 준비가 되어 있지 않단다.
알렉	괜찮을 거예요. 제가 무엇을 해야 하나요?
안나 이바노브나	나를 도와주어야 해. 우선 식탁에 숟가락과 포크를 놓으렴.
알렉	또 무엇을 할까요?
안나 이바노브나	잔과 물병을 놓으렴.

참고

대화에서 나온 положи́, поста́вь 는 각각 положи́ть, поста́вить 동사의 명령형입니다.

새 단어 및 표현

совсе́м 완전히
гото́вый 준비된
Ничего́ не гото́во
아무것도 준비되어 있지 않다
поря́док 질서, 순서
Всё в поря́дке
괜찮다, 모든 게 정상이다
снача́ла 우선
ло́жка 수저
ви́лка 포크
Что ещё?
또 무엇이 있나요?, 또 무엇을 할까요?
бока́л 잔
буты́лка 병

대화 TIP

러시아어의 형용사는 긴 어미 즉, 장어미 형태와 짧은 어미인 단어미 형태를 가집니다. 위 대화에서 гото́во는 형용사 гото́вый(준비된)의 단어미 중성 형태입니다. гото́во는 гото́вый라는 장어미 형태에서 어미 -ый를 떼어 내고 중성 어미 -о를 붙여서 만들었습니다. 주어의 성, 수에 따라 다음과 같이 변화합니다. 19과 대화 Tip 참조

гото́вый → готовый = гото́в(남성), гото́ва(여성),
гото́во(중성), гото́вы(복수)

기념일과 명절

Рождество́

크리스마스

Но́вый год

새해

Па́сха

부활절

Ма́сленица

마슬레니차

Богоявле́ние

주현절

День труда́

노동절 (5월 1일)

Междунаро́дный же́нский день

여성의 날 (3월 8일)

День побе́ды

전승기념일 (5월 9일)

День Росси́и

러시아의 날 (6월 12일)

день рожде́ния

생일

сва́дьба

결혼식

юбиле́й

10, 20, 30주년

식사 예절 표현

Прия́тного аппети́та!

Спаси́бо!

A 맛있게 드세요!
B 감사합니다!

A의 기타 표현

Угоща́йтесь! 드세요!
Не стесня́йтесь! 마음껏 드세요!

Попро́буйте сала́т!

Како́й вку́сный сала́т!

A 샐러드 맛보세요.
B 너무 맛있는 샐러드네요!

B의 기타 표현

Как вку́сно! 너무 맛있습니다!

Всё гото́во!

준비되었습니다!

기타 표현

Прошу́ к столу́! 식탁으로 오세요.

연습 **문제**

문법

1 다음 그림을 보고 빈칸에 알맞은 동사를 넣으세요.

(1)

Книга _____ на столе.

(2)

Книга _____ на полке.

(3)

Лампа _____ на столе.

(4)

Картина _____ на стене.

2 주어진 설명에 맞는 표현을 연결해 보세요.

(1) 책상 위에 연필들을 놓는다. •

(2) 선반 위에 시계를 놓는다. •

(3) 선반 위에 편지봉투들을 놓는다. •

• ① Она ставит часы на полку.

• ② Она кладёт карандаши на стол.

• ③ Она кладёт конверты на полку.

3 다음 질문에 대해 주어진 단어를 이용해 답을 해 보세요.

(1) Куда ты положил шарф? → _____. (сумка)

(2) Куда она поставила вазу? → _____. (полка)

(3) Куда ты положил деньги? → _____. (карман)

(4) Куда вы поставили лампу? → _____. (стол)

★ шарф 스카프 | деньги 돈

듣기 ● 녹음을 듣고 질문에 답하세요.

(1) 이리나가 좋아하는 계절은 언제인가요?

①  ②  ③  ④

(2) 이리나가 어제 무엇을 탔나요?

①  ②  ③  ④

(3) 집에 와서 이리나가 장갑을 어디에 두었나요?

① 장롱   ② 침대   ③ 책상   ④ 의자

★ коньки 스케이트 ┆ сапоги 장화 ┆ перчатки 장갑 ┆ шкаф 장롱

읽기 ● 다음 대화를 잘 읽고 내용과 같으면 ○표, 다르면 ✕표를 하세요.

На дне рождения

Антон и друзья	Ира, поздравляем тебя с днём рождения! Счастья, здоровья и всего самого хорошего!
Ира	Спасибо, Антон! Спасибо, ребята!
Антон	Это наши подарки.
Ира	Какие красивые цветы! Большое спасибо! Ребята, проходите, прошу к столу. Садитесь!
Антон	Какой стол! Всё очень красиво!

(1) 안톤과 친구들은 이라에게 행복과 건강을 빌어 주었습니다.   (   )

(2) 이라는 옷을 선물 받고 매우 기뻐했습니다.   (   )

(3) 안톤은 이라가 차린 식탁을 보고 감탄했습니다.   (   )

바냐баня와 베닉веник

러시아 대중 사우나를 바냐баня라고 부릅니다. 러시아 사우나에서는 베닉веник이라고 하는 나뭇가지를 묶어서 서로의 몸을 두드리는 사람들의 모습을 볼 수 있습니다. 이 모습을 보고 '사우나에 무슨 나뭇가지?'라며 많은 외국인들은 의아해하곤 하는데, 그 이유는 다음과 같습니다.

우선 러시아 사람들은 사우나 안 벽 쪽에 있는 난로에 물을 부어서 증기가 나게 하고, 이렇게 데워진 증기로 몸을 덥힙니다. 몸이 어느 정도 달구어지면 물에 불려 놓은 베닉으로 몸을 두드립니다. 이렇게 나뭇가지로 몸을 두드리면 혈액 순환이 좋아지고 노폐물 배출이 원활해지기 때문입니다. 베닉은 잘 마른 상태의 나뭇가지들을 골라서 묶음을 만들어야 그 효과가 더 좋다고 합니다.

베닉은 사용할 시기에 맞춰서 미리 준비합니다. 여름에 쓸 가지들은 5~6월에, 겨울에 쓸 가지들은 7월에 마련합니다. 특히 5월에 만든 베닉은 아주 부드러워서 어린아이들에게 사용해도 지장이 없다고 합니다. 베닉은 나무의 종류에 따라 그 효험이 달라집니다. 전나무 가지는 살균 효과가 있고 감기 치료에 효험이 있습니다. 감초 가지는 기침에 효과가 있고 야생 약초와 함께 사용하면 피부의 멍을 없애는 데 좋다고 합니다. 무엇보다 자작나무로 만든 베닉을 가장 으뜸으로 꼽는데, 그 이유는 자작나무 잎에 방향유, 탄닌, 비타민 C, 비타민 A 등이 함유되어 있어서 근육의 통증을 풀어 주고 피부도 깨끗하게 해 주기 때문이라고 합니다.

RUSSIA포커스, RBTH, (2013.03.03.)

У меня́ боли́т голова́.

동영상 강의

- чу́вствовать себя́의 활용

- боле́ть 동사의 용법

- 형용사 비교급과 최상급

Как ты _себя_ чу́вствуешь?
몸이 좀 어떠니?

Я чу́вствую себя́ не о́чень хорошо́.
별로 좋지 않아.

● чу́вствовать себя́의 활용

чу́вствовать 동사는 '느끼다'라는 의미를 가지지만 바로 뒤에 '자신'이라는 의미의 **себя́**가 같이 결합됨으로써 건강 상태를 나타내게 됩니다.

Как вы _себя́_ чу́вствуете?
몸(건강)이 어떠신가요?

Я чу́вствую себя́ хорошо́ / пло́хо.
좋습니다 / 안 좋습니다.

> **주의**
> '아프다'라는 표현을 할 때 여격을 활용해서 무인칭문으로 표현할 수도 있습니다.
> **Мне бо́льно.** 나는 아프다.
> **Ему́ пло́хо.** 그는 몸이 좋지 않다.

● боле́ть 동사의 용법

боле́ть 동사는 '앓다, 아프다'라는 뜻을 가지며 두 개의 동사 변화형을 가집니다.

(1) 주어가 사람, 동물일 때: 주어가 사람, 동물일 때에는 병명을 나타내는 명사가 뒤에 조격으로 결합되어 '어떤 병을 앓다'라는 뜻을 가지게 됩니다. 뒤에 조격으로 병명이 붙지 않아도 동사만 쓰여서 '아프다'라는 뜻을 나타내기도 합니다. 이 경우 동사는 1식 변화 합니다.

я	боле́ю	мы	боле́ем
ты	боле́ешь	вы	боле́ете
он, она́	боле́ет	они́	боле́ют

Я боле́ю гри́ппом.
나는 독감을 앓고 있다.

Он боле́ет.
그는 아프다.

(2) 주어가 신체 부위일 때: боле́ть 동사는 특정 부위가 '아프다'라는 표현에서도 활용됩니다. 이 경우 아픈 부위가 주어가 되기 때문에 동사는 3인칭 단수, 복수 활용형만이 사용되고 동사 변화는 아래와 같이 2식 변화합니다.

я	×	мы	×
ты	×	вы	×
он, она́	боли́т	они́	боля́т

Боли́т голова́.
머리가 아프다.

아픈 사람이 누구인지를 나타내려면 소유를 나타내는 '**y + кого́**' 구문이 쓰입니다.

У неё боли́т го́рло. 그녀는 목이 아프다.

Ири́на **бо́лее у́мная, чем я.**
이리나는 나보다 똑똑해.

Она́ са́мая у́мная де́вушка в на́шем кла́ссе.
그녀는 우리 반에서 제일 똑똑한 아이야.

● 형용사의 비교급과 최상급

비교급

두 가지 방법으로 비교급을 만들 수 있습니다.

(1) **합성식**: 형용사 앞에 **бо́лее**(더), **ме́нее**(덜)를 붙이는 것입니다. 술어로서 '~보다 더(덜) ~하다' 즉, 다른 대상과 비교하기 위해서는 **чем** 이후에 비교 대상을 첨가하면 됩니다.

бо́лее интере́сный рома́н 더 재미있는 소설　　**ме́нее ску́чный** фильм 덜 지루한 영화

Она́ **бо́лее до́брая, чем я.** 그녀는 나보다 더 착하다.

(2) **단일식**: 형용사 어미 자체를 변화시켜서 비교급을 만들 수 있습니다. 술어로 쓰일 때만 활용되는 이 단일식 비교급은 형용사의 어간에 **-ее(-ей)**를 붙여서 만듭니다.

Анто́н **сильне́е, чем** Оле́г. 안톤이 알렉보다 더 강하다.

(3) **특수한 비교급**: 명사 앞에서 수식할 때에는 장어미 형태로, 술어로 쓰일 때는 단어미 형태가 활용됩니다.

원급		хоро́ший 좋은	плохо́й 나쁜	большо́й 큰	ма́ленький 작은	ста́рый 늙은, 나이 든	молодо́й 젊은
비교급	장어미	лу́чший	ху́дший	бо́льший	ме́ньший	ста́рший	мла́дший
	단어미	лу́чше	ху́же	бо́льше	ме́ньше	ста́рше	моло́же

Его́ **ста́рший** брат высо́кий.
그의 형은 키가 크다.

Ты **ста́рше, чем я.**
너는 나보다 나이가 많다.

최상급

최상급은 형용사 앞에 **са́мый**(제일, 가장)를 붙여서, 그것을 형용사와 같이 명사의 성, 수 격에 맞게 변화시켜서 만들 수 있습니다.

са́мый бога́тый челове́к 제일 돈 많은 사람

위 표에서 음영이 표시된 형용사들의 장어미형 비교급은 최상급 의미로도 사용됩니다.

лу́чшее пла́тье 가장 좋은 원피스

> **주의**
> 비교 대상을 위의 **чем** 없이 대상이 되는 명사 자체를 생격으로 바꾸어서 표현할 수도 있습니다.
> Он моло́же, **чем я.** 그는 나보다 어리다.
> = Он моло́же **меня́.**

> **А как ты себя́ чу́вствуешь сего́дня?**

> **Мне уже́ лу́чше, спаси́бо.**

Дохён	Боми, тебя́ не́ было на уро́ке вчера́. Что случи́лось?	도현	보미야, 어제 수업에 안 왔더라. 무슨 일 있니?
Боми	Я боле́ла гри́ппом . У меня́ была́ высо́кая темпарату́ра.	보미	나 독감으로 아팠어. 열이 많이 났었어.
Дохён	А как ты себя́ чу́вствуешь сего́дня?	도현	오늘은 몸이 좀 어때?
Боми	Мне уже́ лу́чше, спаси́бо.	보미	벌써 나아졌어. 고마워.
Дохён	А что сказа́л врач?	도현	의사 선생님이 뭐라고 하셨어?
Боми	Врач сказа́л, что ну́жно принима́ть эти табле́тки 3 ра́за в день.	보미	의사 선생님이 이 약을 하루에 세 번 먹어야 한다고 하셨어.

대화

아프다는 것을 과거 시제로 말하려면 **боле́ть** 동사의 경우 해당 동사의 과거형을 쓰면 됩니다.

Я боле́ю гри́ппом. 나는 독감으로 아프다.
Я боле́л(а) гри́ппом. 나는 독감으로 아팠다.

새 단어 및 표현

случи́ться 일어나다
что случи́лось? 무슨 일 있니?
температу́ра 열
мне лу́чше. 나아졌어.
принима́ть 복용하다, 섭취하다
табле́тка 알약
3 ра́за в день 하루에 세 번

Это мой *лу́чший* друг, Ива́н.

Дава́й посмо́трим *бо́лее*
интере́сный фильм.

Дохён	Боми, познако́мься, это мой лу́чший друг, Ива́н.
Боми	О́чень прия́тно. Меня́ зову́т Боми.
Ива́н	Мне то́же о́чень прия́тно. Вы лю́бите кино́? В кинотеа́тре идёт интере́сный фильм
Дохён	Я о́чень люблю́ кино́. Како́й это фильм?
Ива́н	Детекти́в, «Ша́рлок Хо́лмс».
Боми	Дава́й посмо́трим бо́лее интере́сный фильм. Я люблю́ фанта́стику.
Дохён	Кака́я фанта́стика тебе́ нра́вится?
Боми	Мне бо́льше всего́ нра́вится «Гарри Потер».

도현	보미야, 인사해. 얘는 내 가장 친한 친구 이반이야.
보미	만나서 반가워. 나는 보미라고 해.
이반	나도 반가워. 너희들 영화 좋아하니? 극장에서 재미있는 영화를 상영하던데.
도현	나 영화 아주 좋아해. 무슨 영화인데?
이반	추리 영화야. 《셜록 홈즈》.
보미	우리 좀 더 재미있는 영화를 보자. 나는 판타지 영화를 좋아해.
도현	어떤 판타지 영화가 좋은데?
보미	나는 《해리 포터》를 가장 좋아해

대화 TIP

'모든 것, 모든 사람보다 더 ~'라는 표현은 형태상으로는 비교급이지만 의미상으로는 최상급입니다. 비교급 뒤에 '모든 사람'을 나타내는 все의 생격 всех, '모든 것'을 나타내는 всё의 생격 всего́'를 붙임으로써 '모든 사람보다 더 ~하다', '모든 것보다 더 ~하다'라는 뜻으로 최상급 의미를 표현할 수 있습니다.

Он говори́т по-япо́нски лу́чше **всех**. 그는 일본어를 가장(누구보다 더 잘) 잘한다.
Я люблю́ я́блоки бо́льше **всего́**. 나는 사과를 가장(무엇보다 더 많이) 좋아한다.

새 단어 및 표현

познако́мься 인사해
фильм 영화
идёт фильм 영화가 상영되다
детекти́в 추리 영화
дава́й посмо́трим 보자
фанта́стика 판타지 영화
бо́льше всего́
가장, 어느 무엇보다도 더 많이

신체

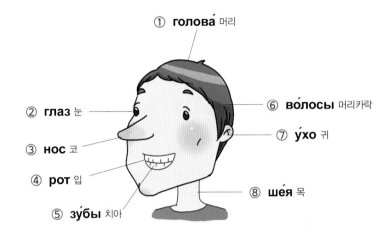

① **голова́** 머리

② **глаз** 눈

③ **нос** 코

④ **рот** 입

⑤ **зу́бы** 치아

⑥ **во́лосы** 머리카락

⑦ **у́хо** 귀

⑧ **ше́я** 목

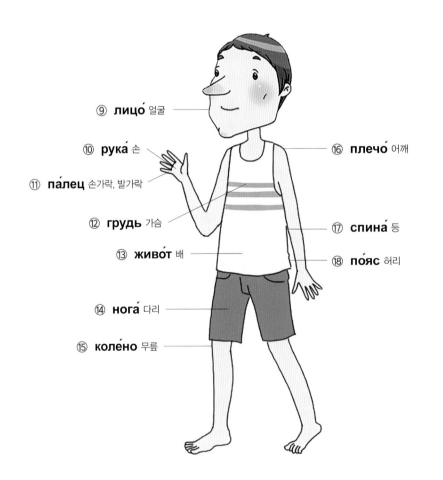

⑨ **лицо́** 얼굴

⑩ **рука́** 손

⑪ **па́лец** 손가락, 발가락

⑫ **грудь** 가슴

⑬ **живо́т** 배

⑭ **нога́** 다리

⑮ **коле́но** 무릎

⑯ **плечо́** 어깨

⑰ **спина́** 등

⑱ **по́яс** 허리

건강 관련 표현

У меня́ си́льно боли́т зуб.

Ну́жно сходи́ть к врачу́.

A 이가 너무 아파.
B 병원에 가 봐야겠네.
 (빨리 병원에 가 봐.)

참고
си́льно(강하게)는 '아프다'라는 боле́ть 동사와 함께 쓰여서 '매우 아프다'는 뜻을 표현합니다.

На что́ жа́луетесь?

У меня́ боли́т нога́.

A 어디가 아프세요?
B 다리가 아파요.

A의 기타 표현

Что случи́лось? 무슨 일이지요?
Что с ва́ми? 무슨 일 있으신가요?

Скоре́е выздора́вливайте!

Спаси́бо.

A 어서 나으세요!
B 감사합니다.

A의 기타 표현

Поправля́йтесь! 쾌유하세요.
Бу́дьте здоро́вы! 건강하세요.

문법

1 다음 단어들을 연결하여 올바른 문장을 만들어 보세요.

(1) Я　　　　　　　　•　　　　　•　① болеешь гриппом?

(2) Ты　　　　　　　•　　　　　•　② плохо.

(3) У меня болят　•　　　　　•　③ чувствую себя плохо.

(4) Ему　　　　　　•　　　　　•　④ голова и горло.

2 그림을 보고 도현이의 건강 상태를 표현해 보세요.

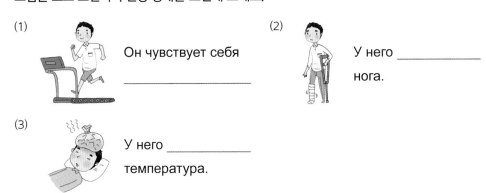

(1) Он чувствует себя _____

(2) У него _____ нога.

(3) У него _____ температура.

3 다음 보기 와 같이 바꾸어 보세요.

пример　красивая девушка → более красивая девушка
→ самая красивая девушка

(1) интересный журнал → _____ → _____

(2) умная студентка → _____ → _____

(3) сложный вопрос → _____ → _____

пример　Он моложе, чем я. → Он моложе меня.

(4) Она вежливее, чем ты.　→ _____.

(5) Иван старше, чем Нина.　→ _____.

(6) Опера интереснее, чем балет.　→ _____.

★ сложный 복잡한

듣기 ● 녹음을 듣고 질문에 답하세요.

(1) 레나가 좋아하는 운동 종목은 무엇인가요?

①  ② ③  ④

(2) 레나의 상황을 묘사한 다음 문장에 들어갈 단어를 고르세요.

Она болеет _____.

① воспалением лёгких　　② анемией

③ гриппом　　④ ангиной

(3) 의사가 레나에게 권한 것과 거리가 먼 것은 무엇인가요? 모두 고르세요.

① 하루 세 번 약 먹기　　② 따뜻하게 목욕하기

③ 따뜻한 차 마시기　　④ 과일 먹기

★ воспаление лёгких 폐렴 | анемия 빈혈 | кататься на лыжах 스키를 타다

읽기 ● 다음 글을 잘 읽고 질문에 대답하세요.

Таня вчера вечером ходила в театр. На улице было холодно и шёл снег. Таня была легко одета. Когда она встала сегодня утром, она почувствовала себя плохо. У неё были кашель и насморк.

(1) 어제 저녁 타냐는 무엇을 했나요?

① ходила в театр　　② каталась на лыжах

③ спала　　④ играла в футбол

(2) 위 글의 내용과 같으면 ○표, 틀리면 ✕표를 하세요.

① 어제 저녁 거리엔 비가 왔습니다.　　(　　　)

② 타냐는 콧물이 나고 목이 아팠습니다.　　(　　　)

★ кашель 기침 | насморк 코감기

러시아 음식

예전 아랍의 한 학자는 러시아 사람들이 말젖, 즉 마유만 먹고 산다는 기록을 했다고 합니다. 냉전 시기 유럽에서 출판된 한 요리책에는 러시아 사람들이 맥주와 보드카를 섞어서 수프를 만든다고 적혀 있는가 하면, 어떤 사람들은 러시아인들이 철갑상어 알인 캐비어를 산처럼 쌓아 놓고 먹는다고 알고 있기도 했답니다. 이러한 오해와 편견을 깨고 러시아 사람들이 무엇을 먹었는지 제대로 알아보도록 하겠습니다.

'페치печ' 혹은 '페치카печка'라고 불리는 러시아식 아궁이는 음식을 만드는 큰 난로라고 생각하면 됩니다. 이 큰 난로의 내부 온도를 빵을 구울 정도로 높이기 위해서는 작은 나무 한 그루를 다 태워야 할 정도로 장작이 많이 필요했기 때문에 효율적인 조리 기구로 보기는 힘듭니다. 하지만 열이 한 번 오르면 8~12시간 동안 식지 않습니다. 이러한 페치의 특성을 이용해서 오래 열을 가해야 하는 여러 가지 음식을 조리할 수 있었습니다. 장시간 뭉근하게 끓여 내야 하는 양배추 수프 '시치щи'와 곡물로 만든 죽 '카샤каша', 여러 사람이 배불리 먹을 만큼의 빵과 러시아식 파이 '피로기' 등이 페치를 이용해 만든 음식입니다. 밀가루 반죽으로 만드는 피로기 속에는 다양한 재료가 들어갑니다. 안에 있는 소가 겉으로 드러나는 것도 있지만 반죽 속에 감추어진 것들도 있고, 러시아식 크림치즈를 얹은 것도 있습니다.

러시아인들의 식탁에는 다양한 민물고기 요리가 올라옵니다. 더불어 민물고기와 더불어 캐비어 또한 러시아 음식에 빼놓을 수 없는 재료라고 할 수 있겠습니다. 최근에는 캐비어 생산량이 급감했지만 400여 년 전만 해도 기근이 들어 밀가루가 귀해지면 말린 캐비어를 밀가루에 섞어서 양을 부풀릴 정도로 흔했다고 합니다.

또한 춥고 긴 겨울을 지내야 하는 러시아 사람들의 식생활에서 소금에 절여 오래 보관이 가능한 염장 음식은 매우 중요한 부분을 차지했습니다. 자연적인 유산 발효 방법을 이용해 채소, 버섯 등을 염장해서 먹곤 하는데, 소금에 절인 오이, 양배추 피클을 절인 물인 '라솔рассол'은 우리네 요리에서의 간장과 비슷한 역할을 하기도 했습니다. 특히 라솔은 숙취 해소에 탁월한 효과가 있다고 합니다.

RUSSIA포커스 특별기고, 막심 시르니코프, (2013.07.09.)

캐비어

카샤

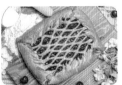
피로기

시치

Урок
19

Он сиди́т за столо́м.

동영상 강의

- 상태(сиде́ть, лежа́ть)와 동작(сади́ться, ложи́ться)을 나타내는 동사 II

- 서수사

- 날짜 표현

Когда́ ты
ложи́шься спать?
너는 언제 잠자리에 드니?

Я **ложу́сь**
спать в 10 часо́в.
나는 10시에 잠자리에 들어.

● 상태(**сиде́ть, лежа́ть**)와 동작(**сади́ться, ложи́ться**)을 나타내는 동사 II

'~에 앉아 있다', '~에 누워 있다'라는 상태 의미는 각각 **сиде́ть**, **лежа́ть** 동사를 사용해서 나타냅니다.

Боми сиди́т за столо́м.
보미는 책상에 앉아 있다.

Дохён лежи́т на крова́ти.
도현이는 침대에 누워 있다.

'~에 앉다', '~에 눕다'라는 동작 의미는 각각 **сади́ться, ложи́ться** 동사를 사용해서 나타냅니다.

Боми сади́тся за стол.
보미는 책상에 앉는다.

Дохён ложи́тся на крова́ть.
도현이는 침대에 눕는다.

'~에 앉았다', '~에 누웠다'라는 동작의 과거 시제는 의미상으로 완료된 행위를 가리킬 때 완료상 동사를 씁니다. **сесть** 동사의 과거형은 **сел, се́ла, се́ли**이며, **лечь** 동사의 과거형은 **лёг, легла́, легли́**입니다.

불완료	완료	불완료	완료
сади́ться	сесть	ложи́ться	лечь

Она́ **се́ла** за стол у окна́. 그녀는 창가 쪽 테이블에 앉았다.

Он **лёг** спать в 11 часо́в. 그는 11시에 잠자리에 들었다.

Како́е сего́дня число́?
오늘 며칠이니?

Пя́тое января́.
1월 5일이야.

● 서수사

1부터 4까지의 서수사는 기수사와 형태적으로 큰 연관성은 없지만 5부터 20까지는 기수사에 형용사형 어미 **-ый, -ой**를 붙여서 만듭니다. 20 이상의 서수사는 끝자리의 수를 제외한 나머지 숫자를 먼저 써 주고 끝자리의 수만 서수사로 바꾸어 주면 됩니다.

1	пе́рвый	20	двадца́тый
2	второ́й	21	два́дцать пе́рвый
3	тре́тий	22	два́дцать второ́й
4	четвёртый	23	два́дцать тре́тий
5	пя́тый	30	тридца́тый
6	шесто́й	31	три́дцать пе́рвый
7	седьмо́й	40	сороково́й
8	восьмо́й	41	со́рок пе́рвый
9	девя́тый	50	пятидеся́тый
10	деся́тый	60	шестидеся́тый
11	оди́ннадцатый	70	семидеся́тый
12	двена́дцатый	90	девяно́стый
13	трина́дцатый	100	со́тый

65번째 шестьдеся́т пя́тый

153번째 сто пятьдеся́т тре́тий

1971번째 ты́сяча девятьсо́т се́мьдесят пе́рвый

5678번째 пять ты́сяч шестьсо́т се́мьдесят восьмо́й

주의
- 세 자리 이상의 수에서 십의 자릿수가 1인 경우 즉, 11부터 19까지의 수로 끝나는 경우는 해당 수사의 서수사를 씁니다.
  2017번째 две ты́сячи семна́дцатый
- 20, 30, 40처럼 끝이 0으로 끝나는 수사들도 기수사에 어미 **-ый, -ой**를 붙여서 서수사를 만듭니다.
  20번째의 двадца́тый
  30번째의 тридца́тый
  40번째의 сороково́й

서수사도 형용사와 마찬가지로 뒤에 오는 명사의 성, 수에 따라 어미가 변화합니다.

41번째 책상 со́рок пе́рвый стол   65번째 방 шестьдеся́т пя́тая ко́мната

● 날짜 표현

'~월 ~일'을 표현하기 위해서 '~일'에 해당하는 서수사를 중성형으로 먼저 쓰고 그 다음에 해당 월을 생격으로 붙입니다.

A   Како́е сего́дня число́? 오늘은 며칠인가요?

B   Сего́дня два́дцать второ́е апре́ля. 오늘은 4월 22일입니다.

Олег	Боми, когда́ ты ложи́шься спать?
Боми	Я ложу́сь спать часо́в в 10.
Олег	Почему́ так ра́но ложи́шься спать?
Боми	Обы́чно встаю то́же ра́но, часо́в в 6. Ве́чером мне уже́ хо́чется спать.
Олет	Значи́т, ты жа́воронок?
Боми	Да. А ты?
Олег	Я сова́. Я по́здно ложу́сь спать.

알렉	보미야, 너는 언제 잠자리에 드니?
보미	나는 열 시 정도에 자.
알렉	왜 그렇게 일찍 자니?
보미	일어나기도 보통 6시 정도, 일찍 일어나거든. 저녁만 돼도 벌써 자고 싶어져.
알렉	그러니까, 너는 종달새인 거네?
보미	응, 너는?
알렉	나는 올빼미야. 나는 늦게 잠자리에 들어.

대화 TIP

- '약 ~시에', '~시 경'을 말할 때 '약~'를 뜻하는 부사 приме́рно를 시간 표현 앞에 붙이면 됩니다.

  приме́рно в 10 часов 약 10시 경

- 다른 방법은 위 대화에서처럼 단위를 나타내는 단어를 맨 앞으로 가져오는 것입니다. 예를 들어 '열 시경'이라면 '열 시에'를 뜻하는 в 10 часов 대신 часо́в в 10 이라고 표현하는 것입니다. 이 표현이 더 구어적이라고 할 수 있습니다.

  A Когда́ ты встаёшь? 너는 몇 시에 일어나니?
  B Я встаю часо́в в 9. 나는 9시 경에 일어나.

새 단어 및 표현

ложи́ться спать
잠자리에 들다(눕다)

ра́но 일찍

(кому) хо́чется ~을/를 원하다

жа́воронок 종달새(아침형 인간)

сова́ 올빼미(저녁형 인간)

по́здно 늦게

Тебе́ не хо́лодно?
Сего́дня второ́е ноября́.

Хо́лодно. Мне на́до
купи́ть ку́ртку.

Таня	Дохён, тебе́ не хо́лодно? Сего́дня второ́е октября́. Уже́ зи́ма. Ты так легко́ оде́т.
Дохён	Хо́лодно. Мне на́до купи́ть ку́ртку.
Таня	Како́й у тебя́ разме́р?
Дохён	У меня́ со́рок восьмо́й.
Таня	Приме́рь вот э́ту ку́ртку, бе́жевую. Ка́жется, она́ тебе́ о́чень идёт.
Дохён	Она́ о́чень тёплая и мо́дная, то́лько цвет не мой. Я возьму́ вот э́ту се́рую ку́ртку.

타냐	도현아, 너 안 춥니? 오늘 10월 2일이야. 이미 겨울이야. 너무 얇게 입었구나.
도현	추워. 나는 점퍼를 사야 해.
타냐	네 치수는 얼마인데?
도현	48호야.
타냐	이 베이지색 점퍼를 한번 입어 봐. 너에게 잘 어울릴 것 같아.
도현	아주 따뜻하고 최신 유행인데, 단지 색이 마음에 안 들어. 이 회색 점퍼를 살래.

참고

'가다'를 뜻하는 **идти** 동사는 '옷이 어울리다', '(시간이) 흐르다', '(시계가) 가다' 등의 뜻으로도 쓰일 수 있습니다.

Руба́шка тебе́ идёт.
셔츠가 네게 어울린다.
(кому́ + идти́)

Вре́мя идёт бы́стро.
시간이 빨리 흐른다.

Часы́ иду́т ве́рно.
시계가(시간이) 맞는다.

새 단어 및 표현

оде́т (-а, -о, -ы) 입고 있는
легко́ оде́т 얇게 입었다
ку́ртка 코트
разме́р 치수
приме́рить 입어 보다
бе́жевый 베이지색의
тебе́ идёт 너에게 어울린다
мо́дный 최신 유행의
се́рый 회색의

대화 TIP

• 형용사 **оде́т**는 **оде́тый**(입고 있는) 형용사의 짧은 형태 즉, 단어미 형태입니다. 단어미 형태는 명사 앞에서 수식할 때에는 쓰이지 않고 술어로만 활용됩니다. 형용사 장어미 형태에서 어미 **-ый**를 떼어 내면 단어미 남성형이 만들어지고, 그 상태에서 **-а, -о, -ы**를 붙이면 각각 여성, 중성 복수형이 만들어집니다. 단어미 형태는 일시적인 특징, 상태 등을 나타낼 때 쓰입니다.

   Он тепло́ оде́т.   **Она́ тепло́ оде́та.**   **Они́ тепло́ оде́ты.**

• **приме́рь**는 **приме́рить**(입어 보다)의 명령형입니다.

의복

блу́зка
블라우스

руба́шка
와이셔츠

футбо́лка
티셔츠

пальто́
긴 외투

ку́ртка
점퍼

шу́ба
털코트

пиджа́к
자켓

плащ
레인코트

пухови́к
패딩 점퍼

брю́ки
바지

ю́бка
치마

шо́рты
반바지

костю́м
정장

шля́па
중절모

ту́фли
구두

шарф
스카프, 목도리

носки́
양말

ша́пка
털모자

перча́тки
장갑

га́лстук
넥타이

색깔

чёрный
검은색

голубо́й
밝은 파란색

кори́чневый
갈색

зелёный
녹색

си́ний
파란색

ро́зовый
핑크색

фиоле́товый
보라색

бе́лый
흰색

бе́жевый
베이지색

кра́сный
빨간색

жёлтый
노란색

се́рый
회색

쇼핑하기

Что вы хоти́те?

Я хочу́ купи́ть
хоро́ший шарф.

A 무엇을 찾으세요?
B 좋은 스카프를 사고 싶어요.

Покажи́те,
пожа́луйста, э́ту ю́бку.

Пожа́луйста.

A 이 치마 좀 보여 주세요.
B 네, 여기요.

A의 기타 표현

Она́ мне мала́. 나한테 작은데요.
Она́ мне велика́. 나한테 큰데요.

Мо́жно
приме́рить?

Да,
пожа́луйста.

A 입어 봐도 돼요?
B 네, 그러세요.

계산대에서 지불하세요.

Плати́те в
ка́ссу.

기타 표현

Пла́ти́те нали́чными
или карто́чкой?
현금으로 계산하세요?
아니면 카드로 계산하세요?

참고

пла́ти́те는 плати́ть 동사의
2인칭 복수 변화형입니다.

연습 문제 Упражнения

문법

1 그림과 맞는 표현을 연결하세요.

(1) •

(2) •

(3) •

(4) •

(5)  •

• ① Дохён садится за стол.

• ② Боми сидит за столом.

• ③ Олег ложится на кровать.

• ④ Таня садится на стул.

• ⑤ Дохён лежит на кровати.

2 다음 주어진 문장을 완료상을 이용한 과거 시제로 만들어 보세요.

(1) Лена садится за стол у окна   → _____ .

(2) Алёша ложится на кровать.   → _____ .

(3) Катя ложится спать в 10 часов. → _____ .

(4) Ваня садится на стул.   → _____ .

3 주어진 날짜에 맞는 표현을 연결해 보세요.

(1) 3월 5일   •

(2) 6월 13일   •

(3) 10월 20일   •

• ① двадцатое октября

• ② тринадцатое июня

• ③ пятое марта

듣기 녹음을 듣고 질문에 답하세요.

(1) 오늘은 몇 월 며칠인가요? ( )

(2) 타냐가 사려고 하는 것은 무엇인가요?

①   ②   ③    ④

(3) 연말 세일이 시작되는 것은 언제인가요?

① в декабре   ② в ноябре   ③ в январе   ④ в феврале

(4) 등장하는 가게의 이름을 써 보세요. ( )

★ **предновогодний** 새해 전의(연말의) | **распродажа** 세일

읽기 다음 대화를 잘 읽고 질문에 대답하세요.

Боми	Ребята, вы не забыли, что у Олега завтра день рождения?
Дохён	Я совсем забыл купить ему подарок. Таня, что ты ему купила?
Таня	Он интересуется фотосъёмкой. Я ему купила новый фотоаппарат.
Дохён	Может быть, купить хороший и красивый фотоальбом?
Боми	Хорошая идея! Я куплю ему новую флешку для хранения фото.

(1) 친구의 생일 선물로 타냐는 무엇을 준비했나요?

①   ②    ③    ④

(2) 위 글의 내용과 맞지 <u>않는</u> 것 두 개를 고르세요.

① 내일은 알렉의 생일이다.   ② 보미는 USB를 선물할 것이다.

③ 친구들이 어제 선물을 다 샀다.   ④ 도현은 생일 선물로 만년필을 준비했다.

★ **флешка** USB

19세기를 대표하는 러시아 작가들

니콜라이 고골 (1809-1852)
Николай Васильевич Гоголь

'외투', '코', '죽은 혼' 등을 집필한 러시아 사실주의 문학의 창시자입니다. 1835년에는 '타라스 불바'라는 역사 소설을 발표했고, 추악한 현실 세계, 그리고 그 속에서 패배한 인간들 즉, '작은 사람들'에 대한 사실주의적 작품을 많이 썼습니다. 특히 1836년에 발표한 희곡 '검찰관'에는 관료 사회의 부정부패상이 적나라하게 묘사되어 있습니다. 이후 유럽으로 여행을 떠나서 1842년 '외투', '죽은 혼' 1편을 발표했습니다. '죽은 혼'에는 산 사람을 사고 팔 수 있는 농노제의 폐해가 사실적으로 묘사되어 있습니다. 도스토예프스키가 "우리는 모두 고골의 '외투'에서 나왔다."라고 표현했을 만큼 '외투'는 러시아의 다른 작가들에게 많은 영향을 주었습니다.

표도르 도스토예프스키 (1821-1881)
Фёдор Михайлович Достоевский

'가난한 사람들'(1846)을 문학 잡지 '소브레멘닉'에 발표하면서 작품 활동을 시작한 도스토예프스키는 '지하 생활자의 수기'(1864), '죄와 벌'(1866), '백치'(1868), '악령'(1871~72), '카라마조프가의 형제들'(1880) 등을 집필했습니다. 초기에는 급진주의적 성향을 보이며 당시 제정러시아 정부를 비판하는 혁명 모임에 가담하기도 했는데, 이에 대한 처벌로 시베리아 유형을 다녀온 이후에는 그리스 정교회, 절대 군주제를 숭배하고 러시아 민족주의를 주창하였습니다. 앞서 언급된 기념비적인 작품들은 도박에 심취했던 도스토예프스키가 빚을 갚기 위해 속기사를 동원해 빠르게 써 내려간 작품들이라고 합니다. 도스토예프스키는 마지막 작품인 '카라마조프가의 형제들' 1권을 집필하고 나서 2권을 집필하던 중 1881년 눈을 감았습니다.

레프 톨스토이 (1828-1910)
Граф Лев Николаевич Толстой

'전쟁과 평화'(1869), '안나 카레니나'(1877) 등의 대작으로 기억되는 톨스토이. 젊은 시절에는 쾌락주의적인 모습이 우세했지만 1870년대 말, 40대 후반부터 종교 문제에 심취하면서 비폭력, 금욕을 중시하는 새로운 기독교에 몰두하게 됩니다. 농민의 삶에 관심이 많아서 농민 자녀들을 위한 학교를 열기도 했던 톨스토이는 설교자, 종교인으로서의 삶을 살겠노라며 절필을 선언한 이후에도 '이반 일리치의 죽음'(1886), '크로이처 소나타'(1889)와 같은 수작을 남깁니다. 작가 나보코프가 러시아가 낳은 가장 위대한 소설가로 평했던 톨스토이는 말년에 '부활'(1899)과 같은 대작을 쓰기도 했고, 민중을 계몽하기 위해 '사람은 무엇으로 사는가', '사람에게는 땅이 얼마나 필요한가', '바보 이반' 등의 우화를 남기기도 했습니다.

안톤 체호프 (1860-1904)
Антон Павлович Чехов

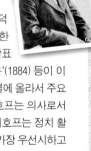

의사이기도 했던 체호프는 가난에 허덕이는 가족의 생계를 부양하기 위해 다양한 필명을 이용해 유머가 넘치는 단편들을 발표했습니다. '관리의 죽음'(1883), '카멜레온'(1884) 등이 이 시기에 쓰인 작품입니다. 작가로서의 반열에 올라서 주요 매체에 작품을 실을 수 있게 된 이후 체호프는 의사로서의 일을 접고 문학에 전념하게 됩니다. 체호프는 정치 활동에 참여한 적은 없지만 매사에 정의를 가장 우선시하고 모든 형태의 불의에 저항했습니다. 강제 유형에 처해진 이들의 삶을 연구하기 위해 사할린 섬에 다녀온 후 '사할린섬'(1895)을 집필하기도 했고, 병이 창궐하면 무료로 아픈 농민들을 치료해 주기도 했습니다. '갈매기'(1896), '바냐 아저씨'(1897), '세 자매'(1901), '벚꽃 동산'(1904) 등의 희곡은 모스크바 예술극장에서 상연되면서 근대 연극의 현대화에 기여한 것으로 평가 받고 있습니다.

Он несёт портфе́ль.

동영상 강의

- 동작 동사 IV: 다양한 정태/부정태 동사

- 접두사 + 정태/부정태 동사

- 형용사와 소유 대명사 복수

Что он **несёт**?

그는 무엇을 들고 가고 있나요?

Он **несёт** портфе́ль.

그는 서류 가방을 들고 가고 있어요.

● 동작동사 Ⅳ: 다양한 정태/부정태 동사

идти́, е́хать처럼 한 방향으로 가는 행위를 지칭하는 동사를 정태 동사, ходи́ть, е́здить처럼 여러 방향으로 가거나 갔다가 오는, 혹은 반복하는 행위를 지칭하는 동사를 부정태 동사라고 합니다. 정태/부정태 동사에는 위 4가지 외에도 다양한 종류가 있습니다.

정태	뜻	부정태	뜻
нести́	(걸어서 손에 들고) 가지고 가다, 운반하다	носи́ть	(걸어서) 가지고 다니다
везти́	(타고) 가지고 가다, 운반하다	вози́ть	(타고) 싣고 다니다
вести́	데리고 가다	води́ть	데리고 다니다
бежа́ть	뛰어가다	бе́гать	뛰어 다니다
плыть	헤엄쳐가다, 항해하다	пла́вать	헤엄치다, 항해를 다니다
лете́ть	날아가다, (비행기를 타고) 가다	лета́ть	날아다니다, (비행기를 타고) 다니다

Она́ несёт су́мку. 그녀는 가방을 들고 가고 있다.

('가방을 들고 다닌다'의 뜻으로는 Она́ но́сит су́мку.)

Он везёт цветы́ ма́тери. 그는 어머니께 꽃을 가져다 드리고 있다.

('자주 꽃을 가져다 드린다'의 뜻으로는 Он ча́сто во́зит цветы́ ма́тери.)

Она́ ведёт ребёнка в шко́лу. 그녀는 학교에 아이를 데려다주고 있다.

('아이를 늘 학교에 데리고 다닌다.'의 뜻으로는 Она́ всегда́ во́дит ребёнка в шко́лу.)

Что ма́ма **прино́сит** ка́ждый день?
엄마는 날마다 무엇을 들고 오나요?

Ка́ждый день она́ **прино́сит** проду́кты.
그녀는 식료품을 들고 옵니다.

● 접두사 + 정태/부정태 동사

다양한 정태/부정태 동사에도 접두사가 붙어서 '오다', '가다', '들어오다', '나가다' 등 더 구체적인 의미를 나타낼 수 있습니다. '접두사 + 정태 동사'는 완료상, '접두사 + 부정태 동사'는 불완료상이 됩니다.

Официа́нтка **прино́сит** у́жин. 종업원이 저녁 식사를 가지고 온다.

Лю́ди **вы**во́зят из Коре́и това́ры. 사람들이 한국으로부터 상품을 가지고 나간다.

Самолёт Сеу́л – Москва́ **вы**лета́ет из Сеу́ла в 5 часо́в утра́.
서울-모스크바 항공기는 서울에서 오전 5시에 이륙한다.

Зимо́й пти́цы **при**лета́ют в наш го́род. 겨울에 새들은 우리 도시로 날아온다.

Носи́льщик **до**везёт на теле́жке ваш бага́ж до стоя́нки такси́.
운반원이 당신의 짐을 카트에 실어서 택시 정류장까지 운반해 줄 것입니다.

● 형용사와 소유 대명사의 복수

형용사의 복수 어미는 성에 관계없이 **-ые, -ие**입니다.

형용사 **но́вый**(새로운), **хоро́ший**(좋은)의 복수

	남성	여성	중성
단수	но́вый, хоро́ший	но́вая, хоро́шая	но́вое, хоро́шее
복수	но́вые, хоро́шие		

소유 대명사 복수

	남성	여성	중성	남성	여성	중성
단수	мой, твой	моя́, твоя́	моё, твоё	наш, ваш	на́ша, ва́ша	на́ше, ва́ше
복수	мои́, твои́, на́ши, ва́ши					

Но́вые друзья́ ча́сто прихо́дят к нам в го́сти. 새 친구들이 우리 집에 자주 놀러 온다.

Хоро́шие зда́ния стро́ятся в го́роде. 좋은 건물들이 도시에 지어진다.

На́ши студе́нты мно́го занима́ются до́ма. 우리 학생들이 집에서 열심히 공부한다.

Он несёт портфель.

Что он несёт?

Боми	Олег, куда́ идёт Бори́с Петро́вич?
Олег	Он спе́шит на вокза́л. По́езд на Петербу́рг ско́ро отхо́дит.
Боми	Заче́м он е́дет в Петербу́рг?
Олег	В Петербу́рге состои́тся нау́чная конфере́нция ме́диков. Он там вы́ступит с докла́дом
Боми	Что он несёт?
Олег	Он несёт портфе́ль.

보미	알렉, 보리스 페트로비치가 어디 가고 계시니?
알렉	그는 역으로 서둘러 가는 중이야. 페테르부르크행 열차가 곧 출발하거든.
보미	페테르부르크에는 왜 가시는데?
알렉	페테르부르크에서 의학 학술 회의가 열릴 거야. 거기서 논문 발표를 하실 거야.
보미	뭘 들고 가시는 거니?
알렉	서류 가방을 들고 가고 계셔.

새 단어 및 표현

спеши́ть 서둘러 가다
отходи́ть ~에서 떠나다, 출발하다
заче́м? 왜? 무엇 때문에?
состоя́ться 열리다, 개최되다
нау́чный 학술의
конфере́нция 회의, 대회
ме́дик 의학자
вы́ступить 발표하다
докла́д 논문
вы́ступить с докла́дом 논문 발표를 하다

대화 TIP

везти́ 동사는 주체가 버스나 지하철 등 운송 수단을 타고 운반하는 경우뿐 아니라, 바퀴가 달린 무언가를 끌고 갈 때에도 쓰입니다.

Ма́ма везёт коля́ску. 엄마가 유모차를 밀고 간다.

Что вам принести́?

Я хочу́ попро́бовать борщ и шашлы́к.

Я возьму́ сала́т из помидо́ров и пе́льмени.

Дохён	Э́то ме́сто свобо́дно?
Официант	Да, пожа́луйста. Что вам принести́?
Дохён	Я возьму́ сала́т из помидо́ров и пельме́ни.
Таня	Я хочу́ попро́бовать борщ и шашлы́к.
Официант	Что вы бу́дете пить?
Дохён	Мне минера́льную во́ду.
Таня	Мне апельси́новый сок.
Официант	Хорошо́. Это всё?
Дохён	Да, пока́ всё. Спаси́бо

도현	이 자리가 비었나요?
종업원	네, 앉으세요. 무엇을 가져다 드릴까요?
도현	나는 토마토 샐러드와 만두를 주문할게요.
타냐	나는 보르쉬와 샤슬릭을 맛보고 싶어요.
종업원	마실 것은 무엇으로 드릴까요?
도현	저는 미네랄 워터 주세요.
타냐	저는 오렌지 주스요.
종업원	알겠습니다. 주문 다 하셨나요?
도현	네, 당장은 그렇네요. 고맙습니다.

대화 TIP

- 전치사 **из**는 '～(으)로부터'라는 방향의 의미 외에도 재료, 원료의 의미 즉, '～(으)로 만들어진'이라는 뜻을 가집니다. 생격과 함께 쓰입니다.

  сала́т из ку́рицы 치킨 샐러드
  пла́тье из шёлка 실크 원피스

- **попро́бовать**는 **про́бовать** 동사의 완료상입니다.

새 단어 및 표현

Э́то ме́сто свобо́дно?
이 자리 비었나요?

Что вам принести́?
무엇을 가져다 드릴까요?(주문하시겠어요?)

Я возьму́ 나는 ～을/를 주문한다

сала́т 샐러드

помидо́р 토마토

пельме́ни 만두

Я хочу́ попро́бовать
나는 ～을/를 맛보고 싶다

шашлы́к 샤슬릭(꼬치구이)

минера́льный 미네랄의

апельси́новый 오렌지의

сок 주스

Э́то всё? 이게 다인가요?

пока́ всё. 당장(지금)은 다입니다.

식사

● 전채

сала́т из огурцо́в

오이 샐러드

сала́т из помидо́ров

토마토 샐러드

винегре́т

사탕무, 감자 샐러드

● 전식

щи

양배추 수프

борщ

고기 야채 수프(보르쉬)

грибно́й суп

버섯 수프

уха́

생선 수프

● 본식

бефстро́ганов

비프스트로가노프(고기볶음)

котле́ты

커틀릿

шашлы́к

샤슬릭

голубцы́

갈루프치(고기배추말이)

● 후식

компо́т

설탕 절인 과일

моро́женое

아이스크림

пиро́жное

미니 케이크

ко́фе

커피

식당에서

Что вам принести?

Я хочу́ взять ры́бу.

A 무엇을 가져다 드릴까요?
B 저는 생선을 원합니다.

A의 기타 표현

Вот меню́. 여기 메뉴 있습니다.
Что вы бу́дете зака́зывать?
= Что вы возьмёте?
무엇을 주문하시겠습니까?

Что́-нибудь на десе́рт?

Мне моро́женое, пожа́луйста.

A 디저트로 무엇을 원하세요?
B 저는 아이스크림을 주세요.

B의 기타 표현

Я возьму́ моро́женое.
저는 아이스크림 주문할게요.

Что вы нам мо́жете посове́товать?

Здесь вку́сно гото́вят бифште́кс.

A 무엇을 추천하시겠어요?
B 이곳은 비프스테이크가 맛있습니다.

B의 기타 표현

Могу́ порекомендова́ть бифште́кс.
비프스테이크를 추천합니다.

Принеси́те, пожа́луйста, чёрный ко́фе.

Пожа́луйста.

A 블랙 커피 부탁합니다.
B 여기 있습니다.

연습 문제 Упражнения

문법

1 그림과 맞는 표현을 연결하세요.

(1)  •

(2)  •

(3)  •

(4) •

(5) •

• ① Она везёт чемодан.

• ② Она несёт книжки.

• ③ Она ведёт ребёнка в школу.

• ④ Она несёт цветы в магазин.

• ⑤ Она везёт цветы домой.

2 주어진 의미에 알맞은 동사를 넣으세요.

(1) Мама _____ обед. (가져오다)

(2) Зимой птицы _____ в Корею. (날아오다)

(3) Он _____ товары из России. (가지고 나가다)

3 주어진 형용사를 알맞게 변화시키세요.

(1) _____ коллеги поздравляют меня с Рождеством. (новый)

(2) _____ студенты нам помогают. (талантливый)

(3) _____ цветы стоят у окна. (красивый)

듣기 ● 녹음을 듣고 질문에 답하세요.

(1) 알렉은 누구를 기다리는 중인가요?

① 보미   ② 타냐   ③ 도현   ④ 안나 이바노브나

(2) 사람의 이름과 상황을 알맞게 연결해 보세요.

① 타냐   •   • ⓐ 길 모퉁이에 서 있다.

② 안나 이바노브나   •   • ⓑ 식료품 가방을 들고 있다.

③ 알렉   •   • ⓒ 쇼핑백을 들고 있다.

★ пакет 쇼핑백, 봉투

읽기 ● 다음 대화를 잘 읽고 질문에 대답하세요.

Боми	Мы сегодня целый день гуляли по городу, я очень голодна.
Дохён	Я тоже очень устал. Пойдём куда-нибудь, поедим?
Боми	Я знаю хорошее уютное кафе. Там недорого и очень вкусно готовят.
Дохён	Что ты возьмёшь?
Боми	Я хочу взять овощной салат и бифштекс.
Дохён	А я возьму салат с крабами и котлеты.

(1) 보미가 가자고 하는 곳은 어디인가요?

① гостиница   ② кафе   ③ буфет   ④ столовая

(2) 위 글의 내용과 같으면 ○표, 틀리면 ✕표를 하세요.

① 도현과 보미는 하루 종일 시내를 돌아다녔습니다.   (   )

② 도현은 피곤해서 호텔로 돌아가자고 제안합니다.   (   )

③ 보미는 야채 샐러드와 비프스테이크를 주문합니다.   (   )

④ 도현은 게살 샐러드와 커틀렛을 주문합니다.   (   )

★ сходить 다녀오다 | овощной 채소의 | краб 게 | гостиница 호텔

러시아의 대표 시인, 푸시킨

러시아 국민 문학의 아버지로 불리는 알렉산드르 세르게예비치 푸시킨(1799~1837)은 러시아인들의
사상과 감정을 가장 훌륭하게 담아낸 위대한 문학가로 많은 사랑을 받고 있습니다.
전제 정치의 폐해를 사실주의적으로 묘사하면서 조국과 민중에 대한 사랑이 가득한 작품을 써 내려간
푸시킨은 도스토예프스키의 표현대로 러시아 사람들에게 어두운 밤길을 밝히는 환한 등불이 되어 주었습니다.
아내를 둘러싸고 벌어진 결투 끝에 38세라는 젊은 나이에 세상을 등진 그가 남긴 수많은 시 중에서
한국인들에게 많이 인용되고 사랑받는 시를 한 편 만나 보겠습니다.

> Если жизнь тебя обманет,
> Не печалься, не сердись!
> В день уныния смирись:
> День веселья, верь, настанет.
> Сердце в будущем живет;
> Настоящее уныло:
> Все мгновенно, все пройдет;
> Что пройдет, то будет мило.
>
> ---
>
> 삶이 그대를 속일지라도 슬퍼하거나 노여워하지 말라.
> 설움의 날을 참고 견디면 기쁨의 날이 찾아오리니
> 마음은 언제나 미래에 사는 것, 현재는 우울한 것.
> 모든 것은 하염없이 지나가리니 지나간 것 곧 그리움 되리니

부록

- 문법 편람
- 추가 문법
- 정답
- 듣기 대본 · 읽기 지문 번역
- 색인 ❶ 러시아어 + 한국어
- 색인 ❷ 한국어 + 러시아어

1 명사의 격 변화

(1) 남성 명사

단수

주격	стол (책상)	трамвай (전차)	студент (학생)	герой (영웅)
생격	стола́	трамва́я	студе́нта	геро́я
여격	столу́	трамва́ю	студе́нту	геро́ю
대격	стол	трамва́й	студе́нта	геро́я
조격	столо́м	трамва́ем	студе́нтом	геро́ем
전치격	(о) столе́	(о) трамва́е	(о) студе́нте	(о) геро́е

복수

주격	столы́	трамва́и	студе́нты	геро́и
생격	столо́в	трамва́ев	студе́нтов	геро́ев
여격	стола́м	трамва́ям	студе́нтам	геро́ям
대격	столы́	трамва́и	студе́нтов	геро́ев
조격	стола́ми	трамва́ями	студе́нтами	геро́ями
전치격	(о) стола́х	(о) трамва́ях	(о) студе́нтах	(о) геро́ях

(2) 여성 명사

단수

주격	ко́мната (방)	неде́ля (주간)	сестра́ (여자 형제)	тетра́дь (공책)
생격	ко́мнаты	неде́ли	сестры́	тетра́ди
여격	ко́мнате	неде́ле	сестре́	тетра́ди
대격	ко́мнату	неде́лю	сестру́	тетра́дь
조격	ко́мнатой	неде́лей	сестро́й	тетра́дью
전치격	(о) ко́мнате	(о) неде́ле	(о) сестре́	(о) тетра́ди

복수

주격	ко́мнаты	неде́ли	сёстры	тетра́ди
생격	ко́мнат	неде́ль	сестёр	тетра́дей
여격	ко́мнатам	неде́лям	сёстрам	тетра́дям
대격	ко́мнаты	неде́ли	сестёр	тетра́ди
조격	ко́мнатами	неде́лями	сёстрами	тетра́дями
전치격	(о) ко́мнатах	(о) неде́лях	(о) сёстрах	(о) тетра́дях

(3) 중성 명사

단수

주격	окно́ (창문)	ме́сто (장소)	мо́ре (바다)	вре́мя (시간)
생격	окна́	ме́ста	мо́ря	вре́мени
여격	окну́	ме́сту	мо́рю	вре́мени
대격	окно́	ме́сто	мо́ре	вре́мя
조격	окно́м	ме́стом	мо́рем	вре́менем
전치격	(об) окне́	(о) ме́сте	(о) мо́ре	(о) вре́мени

복수

주격	о́кна	места́	моря́	времена́
생격	о́кон	мест	морей	времён
여격	о́кнам	места́м	моря́м	времена́м
대격	о́кна	места́	моря́	времена́
조격	о́кнами	места́ми	моря́ми	времена́ми
전치격	(об) о́кнах	(о) места́х	(о) моря́х	(о) времена́х

2 형용사의 격 변화

남성 형용사

주격	но́вый (새로운)	большо́й (큰)	хоро́ший (좋은)	си́ний (푸른)
생격	но́вого	большо́го	хоро́шего	си́него
여격	но́вому	большо́му	хоро́шему	си́нему
대격	но́вого но́вый	большо́го большо́й	хоро́шего хоро́ший	си́него си́ний
조격	но́вым	больши́м	хоро́шим	си́ним
전치격	(о) но́вом	(о) большо́м	(о) хоро́шем	(о) си́нем

여성 형용사

주격	но́вая	больша́я	хоро́шая	си́няя
생격	но́вой	большо́й	хоро́шей	си́ней
여격	но́вой	большо́й	хоро́шей	си́ней
대격	но́вую	большу́ю	хоро́шую	си́нюю
조격	но́вой	большо́й	хоро́шей	си́ней
전치격	(о) но́вой	(о) большо́й	(о) хоро́шей	(о) си́ней

중성 형용사

주격	но́вое	большо́е	хоро́шее	си́нее
생격	но́вого	большо́го	хоро́шего	си́него
여격	но́вому	большо́му	хоро́шему	си́нему
대격	но́вое	большо́е	хоро́шее	си́нее
조격	но́вым	больши́м	хоро́шим	си́ним
전치격	(о) но́вом	(о) большо́м	(о) хоро́шем	(о) си́нем

형용사 복수

주격	но́вые	больши́е	хоро́шие	си́ние
생격	но́вых	больши́х	хоро́ших	си́них
여격	но́вым	больши́м	хоро́шим	си́ним
대격	но́вых но́вые	больши́х больши́е	хоро́ших хоро́шие	си́них си́ние
조격	но́выми	больши́ми	хоро́шими	си́ними
전치격	(о) но́вых	(о) больши́х	(о) хоро́ших	(о) си́них

3 인칭 대명사의 격 변화

단수

	1인칭	2인칭	3인칭	
주격	я	ты	он (оно́)	она́
생격	меня́	тебя́	его́	её
여격	мне	тебе́	ему́	ей
대격	меня́	тебя́	его́	её
조격	мной	тобо́й	им	ей
전치격	(обо) мне	(о) тебе́	(о) нём	(о) ней

복수

주격	мы	вы	они́
생격	нас	вас	их
여격	нам	вам	им
대격	нас	вас	их
조격	на́ми	ва́ми	и́ми
전치격	(о) нас	(о) вас	(о) них

4 소유 대명사의 격 변화

단수

	나의			너의		
	남성	여성	중성	남성	여성	중성
주격	мой	моя́	моё	твой	твоя́	твоё
생격	моего́	мое́й	моего́	твоего́	твое́й	твоего́
여격	моему́	мое́й	моему́	твоему́	твое́й	твоему́
대격	моего́ мой	мою́	моё	твоего́ твой	твою́	твоё
조격	мои́м	мое́й	мои́м	твои́м	твое́й	твои́м
전치격	(о) моём	(о) мое́й	(о) моём	(о) твоём	(о) твое́й	(о) твоём

	우리의			당신(너희)의		
	남성	여성	중성	남성	여성	중성
주격	наш	на́ша	на́ше	ваш	ва́ша	ва́ше
생격	на́шего	на́шей	на́шего	ва́шего	ва́шей	ва́шего
여격	на́шему	на́шей	на́шему	ва́шему	ва́шей	ва́шему
대격	на́шего наш	на́шу	на́ше	ва́шего ваш	ва́шу	ва́ше
조격	на́шим	на́шей	на́шим	ва́шим	ва́шей	ва́шим
전치격	(о) на́шем	(о) на́шей	(о) на́шем	(о) ва́шем	(о) ва́шей	(о) ва́шем

복수

	나의	너의	그의, 그녀의	우리의	당신(너희)의	그들의
주격	мои́	твои́	его́, её	на́ши	ва́ши	их
생격	мои́х	твои́х		на́ших	ва́ших	
여격	мои́м	твои́м	его́, её	на́шим	ва́шим	их
대격	мои́х мои́	твои́х твои́		на́ших на́ши	ва́ших ва́ши	
조격	мои́ми	твои́ми		на́шими	ва́шими	
전치격	(о) мои́х	(о) твои́х		(о) на́ших	(о) ва́ших	

★ его́(그의), её(그녀의), их(그들의) 는 뒤에 오는 명사의 성, 수에 따라 변하지 않습니다.

5 지시 대명사의 격 변화

э́тот(이), тот(저, 그)

	남성		여성		중성		복수	
주격	э́тот	тот	э́та	та	э́то	то	э́ти	те
생격	э́того	того́	э́той	той	э́того	того́	э́тих	тех
여격	э́тому	тому́	э́той	той	э́тому	тому́	э́тим	тем
대격	э́того э́тот	того́ тот	э́ту	ту	э́то	то	э́тих э́ти	тех те
조격	э́тим	тем	э́той	той	э́тим	тем	э́тими	те́ми
전치격	(об) э́том	(о) том	(об) э́той	(о) той	(об) э́том	(о) том	(об) э́тих	(о) тех

6 의문 대명사의 격 변화

(1) кто(누구), что(무엇)

주격	кто	что
생격	кого́	чего́
여격	кому́	чему́
대격	кого́	что
조격	кем	чем
전치격	(о) ком	(о) чём

(2) какой(어떤)

	남성	여성	중성	복수
주격	како́й	кака́я	како́е	каки́е
생격	како́го	како́й	како́го	каки́х
여격	како́му	како́й	како́му	каки́м
대격	како́го, како́й	каку́ю	како́е	каки́х, каки́е
조격	каки́м	како́й	каки́м	каки́ми
전치격	(о) како́м	(о) како́й	(о) како́м	(о) каки́х

(3) чей(의)

	남성	여성	중성	복수
주격	чей	чья	чьё	чьи
생격	чьего́	чьей	чьего́	чьих
여격	чьему́	чьей	чьему́	чьим
대격	чьего́, чей	чью	чьё	чьих, чьи
조격	чьим	чьей	чьим	чьи́ми
전치격	(о) чьём	(о) чьей	(о) чьём	(о) чьих

7 동사 변화

(1) 1식 변화

	чита́ть (읽다)	**гуля́ть** (산책하다)	**писа́ть** (쓰다)	**боле́ть** (아프다)	**рисова́ть** (그리다)	**занима́ться** (일하다)
я	чита́ю	гуля́ю	пишу́	боле́ю	рису́ю	занима́юсь
ты	чита́ешь	гуля́ешь	пи́шешь	боле́ешь	рису́ешь	занима́ешься
он, она́	чита́ет	гуля́ет	пи́шет	боле́ет	рису́ет	занима́ется
мы	чита́ем	гуля́ем	пи́шем	боле́ем	рису́ем	занима́емся
вы	чита́ете	гуля́ете	пи́шете	боле́ете	рису́ете	занима́етесь
они́	чита́ют	гуля́ют	пи́шут	боле́ют	рису́ют	занима́ются

(2) 2식 변화

	говори́ть (말하다)	**смотре́ть** (보다)	**сто́ить** (비용이 들다)	**учи́ть** (가르치다)	**люби́ть** (사랑하다)	**лете́ть** (날다)
я	говорю́	смотрю́	сто́ю	учу́	люблю́	лечу́
ты	говори́шь	смо́тришь	сто́ишь	у́чишь	лю́бишь	лети́шь
он, она́	говори́т	смо́трит	сто́ит	у́чит	лю́бит	лети́т
мы	говори́м	смо́трим	сто́им	у́чим	лю́бим	лети́м
вы	говори́те	смо́трите	сто́ите	у́чите	лю́бите	лети́те
они́	говоря́т	смо́трят	сто́ят	у́чат	лю́бят	летя́т

	(1) 기수사	(2) 서수사
0	ноль, нуль	нолево́й, нулево́й
1	оди́н, одна́, одно́	пе́рвый
2	два, две	второ́й
3	три	тре́тий
4	четы́ре	четвёртый
5	пять	пя́тый
6	шесть	шесто́й
7	семь	седьмо́й
8	во́семь	восьмо́й
9	де́вять	девя́тый
10	де́сять	деся́тый
11	оди́ннадцать	оди́ннадцатый
12	двена́дцать	двена́дцатый
13	трина́дцать	трина́дцатый
14	четы́рнадцать	четы́рнадцатый
15	пятна́дцать	пятна́дцатый
16	шестна́дцать	шестна́дцатый
17	семна́дцать	семна́дцатый
18	восемна́дцать	восемна́дцатый
19	девятна́дцать	девятна́дцатый
20	два́дцать	двадца́тый

	(1) 기수사	(2) 서수사
21	два́дцать оди́н (одна́, одно́)	два́дцать пе́рвый
22	два́дцать два (две)	два́дцать второ́й
23	два́дцать три	два́дцать тре́тий
30	три́дцать	тридца́тый
31	три́дцать оди́н (одна́, одно́)	три́дцать пе́рвый
40	со́рок	сороково́й
41	со́рок оди́н (одна́, одно́)	со́рок пе́рвый
50	пятьдеся́т	пятидеся́тый
60	шестьдеся́т	шестидеся́тый
70	се́мьдесят	семидеся́тый
80	во́семьдесят	восьмидеся́тый
90	девяно́сто	девяно́стый
100	сто	со́тый
200	две́сти	двухсо́тый
300	три́ста	трёхсо́тый
400	четы́реста	четырёхсо́тый
500	пятьсо́т	пятисо́тый
600	шестьсо́т	шестисо́тый
700	семьсо́т	семисо́тый
800	восемьсо́т	восьмисо́тый
900	девятьсо́т	девятисо́тый
1000	ты́сяча	ты́сячный
2000	две ты́сячи	двухты́сячный

1 과

러시아에서는 대부분 생물학적인 성이 그것을 지칭하는 단어의 문법적인 성과 일치합니다. -а, -я로 끝나는 명사들 중에서도 생물학적으로 남성을 지칭한다면 문법적 성은 남성이 됩니다. 하지만 격 변화를 할 때에는 여성형 명사처럼 변화합니다.

전치사 с와 함께 쓰이는 명사의 조격은 6과 참조

с де́душкой 할아버지와 함께　　　　с па́пой 아버지와 함께

2 과

● **직업이나 신분을 나타내는 명사들**

아래의 예들은 직업이나 신분을 나타내는 명사들로 남성 명사에 접미사를 붙여서 여성 명사를 만든 예입니다. 하지만 이렇게 여성 명사가 있더라도 여성의 직업, 신분을 나타낼 때에는 대부분 남성형을 사용합니다.

преподава́тель / преподава́тельница 대학 강사　　　учи́тель / учи́тельница 선생님

перево́дчик / перево́дчица 통(번)역사　　　худо́жник / худо́жница 화가

журнали́ст / журнали́стка 기자　　　пиани́ст / пиани́стка 피아니스트

추가 단어에서 / 표시로 구분되어 남성형/여성형이 제시된 경우에는 남성과 여성의 직업을 따로 부르는 경우입니다.

студе́нт / студе́нтка 대학생　　　певе́ц / певи́ца 가수　　　актёр / актри́са 배우

3 과

● **형용사**

• 형용사 어간이 г, к, х, ж, ш, ч, щ로 끝날 때 역점이 어간에 올 때에는 남성형 어미 -ый 대신 -ий가 오고, 역점이 어미에 있는 경우는 -ой가 옵니다.

хоро́ший 좋은　　　све́жий 신선한　　　стро́гий 엄격한

ру́сский 러시아의　　　большо́й 큰　　　глухо́й 귀 먹은

- 형용사 хоро́ший(좋은), све́жий(신선한)의 중성형 어미는 -ее입니다. -ж, -ш, -ч, -щ 뒤에 역점이 없는 경우 중성형 어미 -ое가 -ее로 바뀌기 때문입니다.
- 어간이 -н으로 끝나고 남성형 어미가 ий인 경우 여성형은 -яя, 중성형은 -ее가 됩니다.

남성	여성	중성
си́ний 푸른	си́няя	си́нее

4과

● **명사의 생격을 만드는 방법**

자음으로 끝나는 남성 명사와 -о로 끝나는 중성 명사에는 -а를, -ь, -й로 끝나는 남성 명사와 -е로 끝나는 중성 명사에는 -я를 붙입니다. 여성 명사의 경우 -а로 끝날 때는 -ы로, -я로 끝날 때는 -и로 바꿉니다.

	남성		여성		중성	
주격	брат 형	геро́й 영웅	сестра́ 누이	пе́сня 노래	окно́ 창문	мо́ре 바다
생격	бра́та	геро́я	сестры́	пе́сни	окна́	мо́ря

5과

2식 변화를 하는 동사 중에는 ви́деть(보다), носи́ть(나르다) 동사들은 1인칭 단수(я)에서 자음 교체가 일어납니다.

Д → Ж Я ви́жу дру́га. 나는 친구를 본다.

С → Ш Я ношу́ кни́гу. 나는 책을 나른다.

ви́деть 보다

단수	2식 변화	복수	2식 변화
я	ви́жу	мы	ви́дим
ты	ви́дишь	вы	ви́дите
он, она́	ви́дит	они́	ви́дят

носи́ть 나르다

단수	2식 변화	복수	2식 변화
я	ношу́	мы	но́сим
ты	но́сишь	вы	но́сите
он, она́	но́сит	они́	но́сят

명사의 조격

자음으로 끝나는 남성 명사와 -o로 끝나는 중성 명사에는 -ом을, -ь, -й로 끝나는 남성 명사와 -e로 끝나는 중성 명사에는 -ем을 붙입니다. 여성 명사의 경우 -a로 끝날 때는 -ой로, -я로 끝날 때는 -ей로 바꿉니다.

	남성		여성		중성	
주격	каранда́ш 연필	учи́тель 선생님	ру́чка 펜	пе́сня 노래	у́тро 아침	мо́ре 바다
조격	карандашо́м	учи́телем	ру́чкой	пе́сней	у́тром	мо́рем

추가 단어

игра́ть 동사는 전치사 'в + 운동 경기명(대격)' 형태로 쓰면 '운동 경기를 하다'라는 뜻으로 쓰이지만, 뒤에 전치사 'на + 악기명(전치격)' 형태로 쓰면 '악기를 연주하다'라는 뜻이 됩니다. **전치격에 대해서는 7과 참조**

Я игра́ю на гита́ре. 나는 기타를 연주한다.

Она́ игра́ет **на гита́ре.** 그녀는 기타를 연주한다.

на пиани́но. 피아노를

на скри́пке. 바이올린을

на виолонче́ли. 첼로를

на а́льте. 비올라를

주의
끝이 -о, -е, -и 등으로 끝나는 외래어의 경우 러시아어에서 격 변화하지 않고 씁니다.

예 пиани́но 피아노   ко́фе 커피   такси́ 택시

이렇게 만들어지는 명사들의 경우 ко́фе(남성)를 제외하면 대부분 중성 명사입니다.

장소를 표현할 때 전치사 в와 결합되는 기타 명사들

в апте́ке 약국에   в магази́не 상점에   в райо́не 지역에

в музе́е 박물관에   в общежи́тии 기숙사에

장소를 표현할 때 전치사 на와 결합되는 기타 명사들

на бале́те 발레 공연장에   на ста́нции (지하철)역에   на ры́нке 시장에

на вокза́ле (기차)역에   на остано́вке 정거장에

● **-мя로 끝나는 중성 명사의 격 변화**

	вре́мя 시간	**и́мя** 이름
주격	вре́мя	и́мя
생격	вре́мени	и́мени
여격	вре́мени	и́мени
대격	вре́мя	и́мя
조격	вре́менем	и́менем
전치격	(о) вре́мени	(об) и́мени

● **명사의 복수**

자음으로 끝나는 남성 명사와 -а로 끝나는 여성 명사는 -ы를 붙이고, -ь, -й, -я로 끝나는 명사들은 -и를 붙입니다. 중성 명사의 경우 각각 -о로 끝나면 -а로, -е로 끝나면 -я로 바꿉니다.

성	어미	단수	복수	어미	단수	복수
남성 명사	-ы	студе́нт 대학생 стол 책상	студе́нты столы́	-и	музе́й 박물관 слова́рь 사전	музе́и словари́
여성 명사	-ы	газе́та 신문 сестра́ 누이	газе́ты сёстры	-и	пе́сня 노래 тетра́дь 공책	пе́сни тетра́ди
중성 명사	-а	окно́ 창문 сло́во 단어	о́кна слова́	-я	мо́ре 바다 по́ле 들판	моря́ поля́

● **нра́виться 동사**

нра́виться 동사는 마음에 드는 '대상'의 수에 따라 변화합니다. 따라서 대상이 복수인 경우 3인칭 단수 형태 нра́вится가 아니라 3인칭 복수 형태인 нра́вятся를 써야 합니다.

Ему́ **нра́вятся** студе́нты. 그는 학생들이 마음에 든다.

10과

● **명사의 여격**

자음으로 끝나는 남성 명사나 -o로 끝나는 중성 명사는 -y를, -ь, -й로 끝나는 남성 명사와 -e로 끝나는 중성 명사에는 -ю를 붙입니다. 여성 명사의 경우 -a, -я로 끝날 때는 -e로, -ь, -ия로 끝날 때는 -и로 바꿉니다.

	남성			여성			중성		
주격	студе́нт 대학생	оте́ц 아버지	писа́тель 작가	студе́нтка (여자)대학생	Ни́на 니나	Мари́я 마리야	окно́ 창문	мо́ре 바다	зда́ние 건물
여격	студе́нту	отцу́	писа́телю	студе́нтке	Ни́не	Мари́и	окну́	мо́рю	зда́нию

● **전치사 в, на**

전치사 в, на 뒤에 장소를 나타내는 명사의 전치격을 쓰면 '~에서'라는 장소의 의미를 표현하기 때문에 주의합니다.

в университе́те 대학교에서   на рабо́те 직장에서

11과

11~19까지의 수 다음에 오는 명사는 끝자리 수에 상관없이 복수 생격을 씁니다. 러시아어로 이 수들은 10에 1, 2, 3 등의 수사가 붙어서 만들어지지 않고 оди́ннадцать, двена́дцать 등과 같이 별도의 명칭이 있기 때문입니다.

12과

● **생격의 활용: 존재의 부정**

존재의 부정을 나타내는 'у кого́ + нет + 명사 생격', '~нет + 명사 생격' 구문은 문장의 유형으로 보았을 때 무인칭문으로, 문장 내에 문법적인 주어가 명시되어 있지 않습니다. 반면 'у кого́ + есть + 명사 주격', '~ есть + 명사 주격' 구문은 주격으로 표현된 주어가 있는 인칭문입니다.

인칭문	무인칭문
У меня́ есть кни́га. 나는 책을 가지고 있다(책이 있다).	У меня́ нет кни́ги. 나는 책을 가지고 있지 않다(책이 없다).
В го́роде есть стадио́н. 도시에 경기장이 있다.	В го́роде нет стадио́на. 도시에 경기장이 없다.

● **형용사의 복수형**

형용사의 복수형은 성과 상관없이 어미 -ые, -ие를 가집니다.

краси́вые у́лицы 아름다운 거리들   молоды́е лю́ди 젊은 사람들

- **명사의 불규칙한 복수형 기타 예**

단수	복수	단수	복수
лес 숲	леса́	бе́рег 기슭	берега́
но́мер 수, 객실	номера́	стул 의자	сту́лья
мать 어머니	ма́тери	вре́мя 시간	времена́
и́мя 이름	имена́		

13과

- **소유 대명사의 생격과 대격**

소유 대명사의 격변화 어미는 형용사 어미와 유사해서 남성, 중성의 생격 어미는 -его, 여성의 생격 어미는 -ей입니다. 소유 대명사의 남성 대격은 뒤에 오는 명사가 사람, 동물인 경우 생격과, 사물인 경우 주격과 동일합니다. 여성 대격 어미는 -у, -ю입니다.

	남성		여성		중성	
	1인칭	2인칭	1인칭	2인칭	1인칭	2인칭
주격	мой	твой	моя́	твоя́	моё	твоё
생격	моего́	твоего́	мое́й	твое́й	моего́	твоего́
대격	주/생 중 택일		мою́	твою́	моё	твоё

	남성		여성		중성	
	1인칭	2인칭	1인칭	2인칭	1인칭	2인칭
주격	наш	ваш	на́ша	ва́ша	на́ше	ва́ше
생격	на́шего	ва́шего	на́шей	ва́шей	на́шего	ва́шего
대격	주/생 중 택일		на́шу	ва́шу	на́ше	ва́ше

У **моего́** бра́та есть планше́тный компью́тер. 나의 형은 태블릿 PC를 가지고 있다.

Мы зна́ем **твой** дом. 우리는 너의 집을 안다.

У **твое́й** сестры́ есть чёрное пла́тье? 너의 누이는 검정색 원피스가 있니?

Я зна́ю **ва́шу** жену́. 나는 당신의 부인을 안다.

주의

его́(그의), её(그녀의), их(그들의) 등 3인칭 소유 대명사는 격 변화를 하지 않습니다.

- **예** Его́ брат высо́кий.
  그의 형은 키가 크다.

  Мы зна́ем его́ бра́та.
  우리는 그의 형을 안다.

- **이동 수단의 표현**

이동 수단을 표현할 때 전치사 'на + 전치격' 형태 이외에도 조격을 쓸 수도 있습니다.

е́хать 가다
автобусом 버스를 타고 (на автобусе)
по́ездом 기차를 타고 (на по́езде)
самолётом 비행기를 타고 (на самолёте)

과

● 불규칙 동사

1식, 2식 동사 변화 유형과 관련 없이 불규칙하게 변화하는 동사들이 있습니다. 그중 사용 빈도가 높고 대표적인 есть(먹다)와 дать(주다) 동사 변화는 다음과 같습니다.

есть 먹다

я	ем	мы	еди́м
ты	ешь	вы	еди́те
он, она́	ест	они́	едя́т

дать 주다

я	дам	мы	дади́м
ты	дашь	вы	дади́те
он, она́	даст	они́	даду́т

Что вы **еди́те** на обе́д? 당신은 점심으로 무엇을 먹습니까?
Я **дам** тебе́ ключ. 내가 너에게 열쇠를 줄게.

주의
есть 동사는 불완료상으로 완료상 짝은 съесть이며,
дать 동사는 완료상으로 불완료상 짝은 дава́ть입니다.

● 주요 동사 변화

	изучи́ть	отве́тить	ко́нчить	реши́ть	встре́тить	сади́ться
я	изучу́	отве́чу	ко́нчу	решу́	встре́чу	сажу́сь
ты	изу́чишь	отве́тишь	ко́нчишь	реши́шь	встре́тишь	сади́шься
он, она́	изу́чит	отве́тит	ко́нчит	реши́т	встре́тит	сади́тся
мы	изу́чим	отве́тим	ко́нчим	реши́м	встре́тим	сади́мся
вы	изу́чите	отве́тите	ко́нчите	реши́те	встре́тите	сади́тесь
они́	изу́чат	отве́тят	ко́нчат	реша́т	встре́тят	садя́тся

	брать	ложи́ться	сесть	взять	лечь	купи́ть
я	беру́	ложу́сь	ся́ду	возьму́	ля́гу	куплю́
ты	берёшь	ложи́шься	ся́дешь	возьмёшь	ля́жешь	ку́пишь
он, она́	берёт	ложи́тся	ся́дет	возьмёт	ля́жет	ку́пит
мы	берём	ложи́мся	ся́дем	возьмём	ля́жем	ку́пим
вы	берёте	ложи́тесь	ся́дете	возьмёте	ля́жете	ку́пите
они́	беру́т	ложа́тся	ся́дут	возьму́т	ля́гут	ку́пят

	рисова́ть	пить	слы́шать	откры́ть	забы́ть	встать
я	рису́ю	пью	слы́шу	откро́ю	забу́ду	вста́ну
ты	рису́ешь	пьёшь	слы́шишь	откро́ешь	забу́дешь	вста́нешь
он, она́	рису́ет	пьёт	слы́шит	откро́ет	забу́дет	вста́нет
мы	рису́ем	пьём	слы́шим	откро́ем	забу́дем	вста́нем
вы	рису́ете	пьёте	слы́шите	откро́ете	забу́дете	вста́нете
они́	рису́ют	пьют	слы́шат	откро́ют	забу́дут	вста́нут

	открыва́ть	встава́ть	дава́ть	бро́сить	включи́ть	пове́сить
я	открыва́ю	встаю́	даю́	бро́шу	включу́	пове́шу
ты	открыва́ешь	встаёшь	даёшь	бро́сишь	включи́шь	пове́сишь
он, она́	открыва́ет	встаёт	даёт	бро́сит	включи́т	пове́сит
мы	открыва́ем	встаём	даём	бро́сим	включи́м	пове́сим
вы	открыва́ете	встаёте	даёте	бро́сите	включи́те	пове́сите
они́	открыва́ют	встаю́т	даю́т	бро́сят	включа́т	пове́сят

과

● **동작 동사**

접두사 про-는 '통과하다'라는 뜻과 함께 '옆을 지나가다'의 의미도 가집니다. '옆을 지나가다'의 의미일 때는 '~의 옆을' 이라는 뜻을 가지는 전치사 ми́мо와 함께 쓰입니다.

Я **прое́хал ми́мо** университе́та. 나는 대학교 옆을 지나갔다.

● **주요 동사 변화**

	войти́	входи́ть	въе́хать	въезжа́ть	уйти́	уходи́ть
я	войду́	вхожу́	въе́ду	въезжа́ю	уйду́	ухожу́
ты	войдёшь	вхо́дишь	въе́дешь	въезжа́ешь	уйдёшь	ухо́дишь
он, она́	войдёт	вхо́дит	въе́дет	въезжа́ет	уйдёт	ухо́дит
мы	войдём	вхо́дим	въе́дем	въезжа́ем	уйдём	ухо́дим
вы	войдёте	вхо́дите	въе́дете	въезжа́ете	уйдёте	ухо́дите
они́	войду́т	вхо́дят	въе́дут	въезжа́ют	уйду́т	ухо́дят

	уе́хать	уезжа́ть	отойти́	отходи́ть	отъе́хать	отъезжа́ть
я	уе́ду	уезжа́ю	отойду́	отхожу́	отъе́ду	отъезжа́ю
ты	уе́дешь	уезжа́ешь	отойдёшь	отхо́дишь	отъе́дешь	отъезжа́ешь
он, она́	уе́дет	уезжа́ет	отойдёт	отхо́дит	отъе́дет	отъезжа́ет
мы	уе́дем	уезжа́ем	отойдём	отхо́дим	отъе́дем	отъезжа́ем
вы	уе́дете	уезжа́ете	отойдёте	отхо́дите	отъе́дете	отъезжа́ете
они́	уе́дут	уезжа́ют	отойду́т	отхо́дят	отъе́дут	отъезжа́ют

● **방향을 뜻하는 전치사**

방향을 뜻하는 전치사 в와 на는 각각 из, с와 짝을 이룹니다. 즉, '〜(으)로'를 뜻할 때 в, на가 쓰이는 경우 '〜(으)로부터'라는 반대의 방향을 표현하기 위해서는 각각 из와 с를 씁니다.

в ко́мнату 방으로 → **из** ко́мнаты 방으로부터

на рабо́ту 직장으로 → **с** рабо́ты 직장으로부터

● **(год과 마찬가지로) 전치격에서 어미 -y가 쓰이는 명사들**

	전치격		전치격
лес 숲	в лесу́	порт 항구	в порту́
шкаф 장롱(책장)	в шкафу́	бе́рег 강가	на берегу́
мост 다리	на мосту́	лёд 얼음	на льду

16 과

● **완료상과 불완료상의 활용: 반복된 행위 이후 실패**

'〜을/를 계속 하려 했지만(불완료), 결국 (완료)하지 못했다' 라는 의미를 전달할 때에 불완료상과 완료상을 짝을 지어 사용합니다.

реша́ть(불완료) **– реши́ть**(완료) 해결하다

А́нна до́лго **реша́ла** зада́чу, но не **реши́ла**. 안나는 오랫동안 문제를 풀었지만 풀지(해결하지) 못했다.

убежда́ть(불완료) **– убеди́ть**(완료) 설득하다

Ива́н **убежда́л** меня́, но не **убеди́л**. 이반은 나를 설득하려 했지만 설득하지 못했다.

● 소유 대명사의 조격

소유 대명사의 조격 어미는 남성, 중성의 경우 -им, 여성의 경우 -ей입니다.

	남성		여성		중성	
	1인칭	2인칭	1인칭	2인칭	1인칭	2인칭
주격	мой	твой	моя́	твоя́	моё	твоё
조격	мои́м	твои́м	мое́й	твое́й	мои́м	твои́м

	남성		여성		중성	
	1인칭	2인칭	1인칭	2인칭	1인칭	2인칭
주격	наш	ваш	на́ша	ва́ша	на́ше	ва́ше
조격	на́шим	ва́шим	на́шей	ва́шей	на́шим	ва́шим

Он пи́шет **мое́й** ру́чкой. 그는 내 펜으로 쓴다.

 과

● 소유 대명사의 여격

소유 대명사의 여격 어미는 남성, 중성의 경우 -ему, 여성의 경우 -ей입니다.

	남성		여성		중성	
	1인칭	2인칭	1인칭	2인칭	1인칭	2인칭
주격	мой	твой	моя́	твоя́	моё	твоё
여격	моему́	твоему́	мое́й	твое́й	моему́	твоему́

	남성		여성		중성	
	1인칭	2인칭	1인칭	2인칭	1인칭	2인칭
주격	наш	ваш	на́ша	ва́ша	на́ше	ва́ше
여격	на́шему	ва́шему	на́шей	ва́шей	на́шему	ва́шему

Анто́н зави́дует **моему́** ста́ршему бра́ту. 안톤은 나의 형을 부러워한다.

Твоему́ бра́ту 25 лет. 너의 오빠는 25세이다.

Я помога́ю **ва́шей** сестре́. 나는 당신의 누이를 도와준다.

- 주요 동사 변화

	стоя́ть	лежа́ть	ста́вить	класть	поста́вить	положи́ть
я	стою́	лежу́	ста́влю	кладу́	поста́влю	положу́
ты	стои́шь	лежи́шь	ста́вишь	кладёшь	поста́вишь	поло́жишь
он, она́	стои́т	лежи́т	ста́вит	кладёт	поста́вит	поло́жит
мы	стои́м	лежи́м	ста́вим	кладём	поста́вим	поло́жим
вы	стои́те	лежи́те	ста́вите	кладёте	поста́вите	поло́жите
они́	стоя́т	лежа́т	ста́вят	кладу́т	поста́вят	поло́жат

18과

- ~이/가 아프다

러시아어로 '～이/가 아프다'라고 표현을 할 때, '아프다'라는 동사를 생략하고 'у кого́ ~' 구문 바로 뒤에 병명이나 증상을 나타내는 명사를 써서 '어떤 병(증상)을 앓고 있다'는 뜻을 전달할 수 있습니다.

У меня́ анги́на. 나는 후두염에 걸렸다.

У него́ ка́шель и на́сморк. 그는 기침을 하고 콧물을 흘린다.

이 경우 **быть** 동사의 과거 시제를 해당 명사의 성, 수에 맞게 변화시켜서 시제를 표현할 수 있습니다.

У меня́ гри́пп. 나는 독감이다.

У меня́ **был** гри́пп. 나는 독감이었다.

19과

- 관계 대명사 **кото́рый**

두 개의 문장을 하나로 연결할 때 두 문장에 공통적인 명사를 뒤 문장에서 관계 대명사 **кото́рый**로 바꾸어 줍니다. **кото́рый** 는 주절 명사의 성과 수에 맞게 변화됩니다.

남성

Я позвони́л дру́гу. Друг у́чится в Москве́.

→ Я позвони́л дру́гу, **кото́рый** у́чится в Москве́.

나는 모스크바에서 공부하고 있는 친구에게 전화했다.

여성

Вы ви́дели но́вую кварти́ру? Кварти́ра стро́ится в сосе́днем райо́не.

→ Вы ви́дели но́вую кварти́ру, **кото́рая** стро́ится в сосе́днем райо́не?

당신은 옆 구역에서 지어지고 있는 새 아파트를 보았나요?

Она́ чита́ет письмо́. Письмо́ лежи́т на столе́.

중성 → Она́ чита́ет письмо́, **кото́рое** лежи́т на столе́.

그녀는 책상 위에 놓인 편지를 읽고 있다.

Мы ви́дели цветы́. Цветы́ стоя́т у окна́.

복수 → Мы ви́дели цветы́, **кото́рые** стоя́т у окна́.

우리는 창가에 놓인 (꽃병에 꽂아진) 꽃들을 보았다.

● **음식 표현**

차, 커피, 샌드위치 등의 명사 뒤에 '전치사 с + 조격'을 쓰면, '~을/를 넣은', '~이/가 들어간'이라는 의미를, 그리고 '전치사 без + 생격'을 쓰면 '~을/를 넣지 않은', '~이/가 없는'의 의미를 나타낼 수 있습니다.

чай **с** са́харом 설탕 넣은 차
с молоко́м 우유를 넣은 차

ко́фе **без** са́хара (설탕 넣지 않은) 커피
без молока́ (우유 넣지 않은) 커피

бутербро́д **с** колбасо́й 소시지가 들어간 샌드위치
с мя́сом 고기가 들어간 샌드위치
с икро́й 캐비어가 들어간 샌드위치
с яйцо́м 달걀이 들어간 샌드위치

20과

● **주요 동사 변화**

	нести́	носи́ть	везти́	вози́ть	вести́	води́ть
я	несу́	ношу́	везу́	вожу́	веду́	вожу́
ты	несёшь	но́сишь	везёшь	во́зишь	ведёшь	во́дишь
он, она́	несёт	но́сит	везёт	во́зит	ведёт	во́дит
мы	несём	но́сим	везём	во́зим	ведём	во́дим
вы	несёте	но́сите	везёте	во́зите	ведёте	во́дите
они́	несу́т	но́сят	везу́т	во́зят	веду́т	во́дят

	бежа́ть	бе́гать	плыть	пла́вать	лете́ть	лета́ть
я	бегу́	бе́гаю	плыву́	пла́ваю	лечу́	лета́ю
ты	бежи́шь	бе́гаешь	плывёшь	пла́ваешь	лети́шь	лета́ешь
он, она́	бежи́т	бе́гает	плывёт	пла́вает	лети́т	лета́ет
мы	бежи́м	бе́гаем	плывём	пла́ваем	лети́м	лета́ем
вы	бежи́те	бе́гаете	плывёте	пла́ваете	лети́те	лета́ете
они́	бегу́т	бе́гают	плыву́т	пла́вают	летя́т	лета́ют

1과

문법

1 (1) дом   (2) ручка
  (3) Россия   (4) Корея

2 (1) ①   (2) ③
  (3) ②   (4) ④

3 남성 отец, брат, дедушка, карандаш, студент
   여성 мать, сестра, бабушка, ручка, книга, доска
   중성 письмо, окно, пальто, здание

듣기

● (1) ②   (2) ③
  (3) ②

읽기

● (1) ②   (2) ②

2과

문법

1 (1) ③   (2) ②
  (3) ①

2 (1) Он художник.   (2) Она певица.
  (3) Он инженер.

3 (1) нормально   (2) дома
  (3) учитель

듣기

● (1) ③   (2) ②

읽기

● (1) ④   (2) ③
  (3) ③

3과

문법

1 (1) новый   (2) красивая
  (3) старый   (4) большой

2 (1) маленькое   (2) маленькая
  (3) маленький

3 (1) вас   (2) её
  (3) Меня   (4) Его

듣기

● (1) ③   (2) ③

읽기

● (1) ③   (2) 톰에게 보미를

4과

문법

1 (1) Он изучает русский язык.
  (2) Я слушаю музыку.
  (3) Боми и Олег читают книгу.

2 (1) журнал
  (2) домашнее задание
  (3) оперу

3 (1) брата
  (2) сестры

4 (1) ручка   (2) дом
  (3) телевизор   (4) дедушка

듣기

● (1) ②   (2) ①

읽기

● (1) ③   (2) ②
  (3) ③   (4) 타냐, 여동생

5과

문법

1 (1) ②　　　　　　　(2) ①
　(3) ③　　　　　　　(4) ④
　(5) ⑥　　　　　　　(6) ⑤

2 (1) люблю　　　　　(2) говорите
　(3) смотрят

3 (1) Почему　　　　　(2) по-русски
　(3) сплю　　　　　　(4) русский язык
　(5) С

듣기

● (1) ③　　　　　　　(2) ④

읽기

● (1) ③　　　　　　　(2) ③, ④

6과

문법

1 (1) ③ Олег играл в теннис.
　(2) ④ Дохён гулял по лесу.
　(3) ① Таня танцевала.
　(4) ② Мы смотрели фильм.
　(5) ⑤ Анна Ивановна читала лекции.

2 (1) Вечером
　(2) хотят слушать музыку
　(3) карандашом
　(4) хочет отдыхать

3 (1) X　　　　　　　(2) X
　(3) O　　　　　　　(4) X

듣기

● (1) ②　　　　　　　(2) ④
　(3) ②

읽기

● (1) ①　　　　　　　(2) ④

7과

문법

1 (1) Москве　　　　　(2) родине
　(3) аудитории　　　　(4) уроке

2 (1) слушала радио　　(2) будем отдыхать
　(3) смотрю телевизор

3 (1) на　　　　　　　(2) в
　(3) на

4 (1) Я буду провожать отца.
　(2) Мы пишем письмо.
　(3) Они будут отдыхать дома.
　(4) Она рисует в аудитории.

듣기

● (1) ③　　　　　　　(2) ③

읽기

● (1) ③　　　　　　　(2) ②
　(3) 시험 보기

8과

문법

1 (1) живёт　　　　　　(2) живём
　(3) живут

2 (1) ③　　　　　　　(2) ②
　(3) ①

3 (1) ③　　　　　　　(2) ⑤
　(3) ②　　　　　　　(4) ④
　(5) ①

4 (1) мной　　　　　　(2) нами
　(3) ней　　　　　　(4) ними
　(5) нём

- (1) ②　　　　　　　　　(2) ③
  (3) X, O

- (1) 러시아　　　　　　　(2) ①
  (3) ①

9과

문법

1 (1) столы　　　　　　　(2) окна
　(3) студентки　　　　　(4) студенты
　(5) песни　　　　　　　(6) моря
　(7) словари　　　　　　(8) тетради
　(9) музеи　　　　　　　(10) книги

2 (1) мне　　　　　　　　(2) нам
　(3) тебе　　　　　　　　(4) вам

3 (1) Мне шесть лет.
　(2) Мне двадцать один год.
　(3) Ему тринадцать лет.
　(4) Ему двадцать два года.

듣기

- (1) ②　　　　　　　　　(2) ②

읽기

- (1) ④　　　　　　　　　(2) ③
  (3)

이반	22	учится в университете	(O)
		работает в ресторане	( )
알렉	23	работает в ресторане	(O)
		работает в фирме	( )
니나	24	работает в фирме	(O)
		учится в университете	( )

10과

문법

1 (1) Отцу　　　　　　　(2) Анне
　(3) работу　　　　　　(4) студентке
　(5) школу

2 (1) хожу　　　　　　　(2) идёт
　(3) ходит　　　　　　　(4) ходили

3 (1) кем　　　　　　　　(2) ком
　(3) кого　　　　　　　　(4) Кому
　(5) Кого

듣기

- (1) Нет　　　　　　　　(2) ③
  (3) ②

읽기

- (1) ①　　　　　　　　　(2) ②
  (3) ②

11과

문법

1 (1) Смотри　　　　　　(2) Звони
　(3) Составь

2 (1) Эта　　　　　　　　(2) Это
　(3) Этот

3 (1) двадцать восемь
　(2) четыреста тридцать
　(3) восемьсот шестьдесят три

4 (1) стоят　　　　　　　(2) стоит
　(3) эта　　　　　　　　(4) рубль
　(5) рублей

듣기

- (1) ②　　　　　　　　　(2) ④

- (1) ②   (2) ②
- (3) ④

12과

문법

1 (1) река   (2) студент
  (3) гость   (4) студентка
  (5) дом   (6) писатель
  (7) место   (8) девочка

2 (1) книг   (2) кресел
  (3) денег

3 (1) У неё есть квартира.
    → У неё нет квартиры.
  (2) В комнате есть стол.
    → В комнате нет стола.
  (3) Завтра будет урок.
    → Завтра не будет урока.
  (4) У меня были деньги.
    → У меня не было денег.
  (5) В доме было окно.
    → В доме не было окна.
  (6) Сегодня будет обед.
    → Сегодня не будет обеда.

4 (1) ②   (2) ①
  (3) ⑤   (4) ④
  (5) ③

듣기

- (1) ②   (2) ①, ④
- (3) ④

읽기

- (1) ① O   ② X
    ③ X   ④ X
- (2) 시베리아

13과

문법

1 (1) ездил   (2) едешь
  (3) ездить   (4) едет

2 (1) едет   (2) ездит

3 (1) ③   (2) ①
  (3) ⑤   (4) ②
  (5) ④

4 (1) 3 раза в месяц
  (2) раз в неделю

듣기

- (1) ②   (2) ④

읽기

- (1) ④   (2) ③

14과

문법

1 (1) написать   (2) услышать
  (3) выпить   (4) прожить
  (5) увидеть

2 (1) ④   (2) ③
  (3) ⑤   (4) ②
  (5) ①

3 (1) читала   (2) вставал

4 (1) Я кончаю делать домашнее задание. (O)
    Я кончаю сделать домашнее задание. ( )
  (2) Алексей успел учить новые слова. ( )
    Алексей успел выучить новые слова. (O)

듣기

- (1) ②   (2) ③

- (1) ③ (2) ②
  (3) Мы прочитали книгу,
  написали упражнения.

15과

문법

1 (1) входит (2) приезжают
  (3) приходит

2 (1) Анна вышла из школы.
  (2) Мой отец уехал из Москвы.
  (3) Машина отъехала от театра.
  (4) Мы приехали в Петербург.
  (5) Врач ушёл с работы.

3 (1) новом (2) большом
  (3) хорошей

4 (1) прошлом году
  (2) прошлом месяце
  (3) этой неделе

듣기

- (1) ② (2) ③

읽기

- (1) ② (2) ③
  (3) ① (4) ③

16과

문법

1 (1) буду читать (2) будет делать
  (3) будет учить (4) будем писать

2 (1) прочитаю (2) сделает
  (3) выучит (4) напишем

3 (1) врачом (2) артистом
  (3) оперой (4) спортом
  (5) ими

듣기

- (1) ② (2) ②

읽기

- (1) ② (2) ③
  (3) ③

17과

문법

1 (1) лежит (2) стоит
  (3) стоит (4) висит

2 (1) ② (2) ①
  (3) ③

3 (1) Я положил шарф в сумку.
  (2) Она поставила вазу на полку.
  (3) Я положил деньги в карман.
  (4) Я поставил лампу на стол.

듣기

- (1) ③ (2) ②
  (3) ③

읽기

- (1) ① O ② X ③ O

18과

문법

1 (1) ③ (2) ①
  (3) ④ (4) ②

2 (1) хорошо (2) болит
  (3) высокая

3 (1) более интересный журнал, самый
  интересный журнал
  (2) более умная студентка, самая умная
  студентка

(3) более сложный вопрос, самый
    сложный вопрос
(4) Она вежливее тебя
(5) Иван старше Нины
(6) Опера интереснее балета

듣기

● (1) ②   (2) ③
  (3) ②,④

읽기

● (1) ①   (2) ① X ② O

19과

문법

1 (1) ⑤   (2) ②
  (3) ①   (4) ④
  (5) ③

2 (1) Лена села за стол у окна.
  (2) Алёша лёг на кровать.
  (3) Катя легла спать в 10 часов.
  (4) Ваня сел на стул.

3 (1) ③   (2) ②
  (3) ①

듣기

● (1) второе ноября, 11월 2일
  (2) ②
  (3) ②
  (4) Красота и мода

읽기

● (1) ②   (2) ③, ④

20과

문법

1 (1) ④   (2) ②
  (3) ⑤   (4) ③
  (5) ①

2 (1) приносит   (2) прилетают
  (3) вывозит

3 (1) Новые   (2) Талантливые
  (3) Красивые

듣기

● (1) ③
  (2) ① – ⓒ
      ② – ⓑ
      ③ – ⓐ

읽기

● (1) ②
  (2) ① O   ② X
      ③ O   ④ O

1과

듣기

A Кто это?
B Это Иван.
A Это Россия?
B Да, это Россия.
A Это стол?
B Нет, это не стол. Это стул.

A 이 사람은 누구입니까?
B 이 사람은 이반입니다.
A 이것은 러시아입니까?
B 네, 이것은 러시아입니다.
A 이것은 책상입니까?
B 아니요, 이것은 책상이 아니라 의자입니다.

읽기

톰   안녕, 알렉!
알렉   안녕, 톰! 이것은 무엇이니?
톰   이것은 지도야.
알렉   이것은 한국이니?
톰   응, 이것은 한국이야.
알렉   이것은 서울이니?
톰   아니, 이것은 서울이 아니라 부산이야.

2과

듣기

Олег   Привет, Том!
Том   Привет, Олег!
Олег   Кто это?
Том   Это мой брат.
Олег   А где Боми?
Том   Она дома.
Олег   Где её дом?
Том   Он справа.

알렉   안녕, 톰.
톰   안녕, 알렉.
알렉   이 사람은 누구니?
톰   이 사람은 나의 형이야
알렉   보미는 어디 있니?

톰   그녀는 집에 있어.
알렉   그녀의 집은 어디 있니?
톰   그것은 오른편에 있어.

읽기

보미   안녕, 도현아. 어떻게 지내니?
도현   _____, 잘 지내. 너는?
보미   나도 잘 지내. 그런데 이 사람은 누구니?
도현   나의 할아버지셔.
보미   무엇을 하시니?
도현   사업가이셔.

3과

듣기

Том   Давайте познакомимся. Меня зовут Том.
       Как вас зовут?
Таня   Меня зовут Таня. Вы русский?
Том   Нет, я американец.

톰   우리 서로 인사를 나누죠. 내 이름은 톰입니다. 당신 이름은
      무엇입니까?
타냐   내 이름은 타냐입니다. 당신은 러시아 사람입니까?
톰   아니요. 저는 미국 사람입니다.

읽기

안나
이바노브나   안녕하세요. 제 이름은 안나 이바노브나입니다.
            선생님입니다.
톰   안녕하세요. 제 이름은 톰입니다.
안나
이바노브나   톰, 인사를 나누렴. 이 사람은 내 제자란다. 그녀의
            이름은 보미란다.
톰   만나서 반가워. 나는 톰이야.
보미   만나서 반가워. 나는 보미야.

4과

듣기

У Олега есть брат. Брат Олега читает книгу, а
Олег слушает музыку. Дохён читает газету.

알렉은 형이 있다. 알렉의 형은 책을 읽고 있고 알렉은 음악을 듣는다.
도현은 신문을 읽고 있다.

읽기

알렉에게는 대가족이 있다. 할머니, 할아버지, 부모님, 형 그리고 여동생이 있다. 아버지는 의사, 어머니는 대학 강사이다. 알렉의 형은 지금 잡지를 읽고 있고, 알렉은 축구를 한다. 알렉의 동생은 타냐이다. 그녀는 그림을 그린다.

5과

듣기

Дохён хорошо говорит по-английски. Олег знает английский язык, но не очень хорошо говорит по-английски. Олег любит слушать оперу, а Дохён любит смотреть футбол.

도현은 영어를 잘한다. 알렉도 영어를 알지만, 영어로 말은 잘 못한다. 알렉은 오페라 듣기를 좋아하고 도현은 축구 경기 보는 것을 좋아한다.

읽기

보미와 톰은 친구입니다. 그들은 러시아어를 같이 공부합니다. 보미는 한국어를 매우 잘하는데, 왜냐하면 그녀가 한국 사람이기 때문입니다. 톰은 한국어를 할 줄 모르지만 러시아어를 잘합니다. 그들은 러시아어로 읽고 쓰기를 좋아합니다.

6과

듣기

Дохён очень любит футбол. Вчера он играл в футбол. Боми любит смотреть фильм. Вчера вечером Боми и Олег смотрели фильм «Властелин колец».

도현은 축구를 매우 좋아한다. 그는 어제 저녁 축구를 했다. 보미는 영화 감상을 좋아한다. 보미와 알렉은 어제 저녁에 《반지의 제왕》을 보았다.

읽기

어제 몹시 피곤했기 때문에 오늘 아침 보미는 수업에 지각했다. 어제 아침에는 스키를 탔고, 낮에는 배드민턴을 쳤고, 저녁에는 테니스를 쳤다.

7과

듣기

Недавно Боми была в Москве. Там есть Кремль, ГУМ и Большой театр. ГУМ находится на Красной площади, а Большой театр – на Театральной площади. Москва – красивый город.

보미는 얼마 전 모스크바에 갔었다. 거기에는 크레믈 궁과 국영 백화점, 볼쇼이 극장이 있었다. 국영 백화점은 붉은 광장에, 볼쇼이 극장은 극장 광장에 위치하고 있다. 모스크바는 아름다운 도시다.

읽기

톰	안녕, 도현아. 무엇을 하고 있니?
도현	나는 숙제를 하고 있어.
톰	축구 보고 싶지 않니? 오늘 굉장히 재미있고 중요한 경기가 있거든. 한국과 일본의 경기야.
도현	몹시 그러고 싶지만 그럴 수 없어. 내일 시험이 있어.

8과

듣기

Здравствуйте! Меня зовут Том. Я американец. Мой родной город - Чикаго. Мои родители и сейчас живут там. Раньше я жил с ними, а сейчас живу в Петербурге.

안녕하세요! 제 이름은 톰입니다. 저는 미국 사람입니다. 제 고향은 시카고입니다. 내 부모님은 지금도 거기에 사십니다. 저도 예전에는 그들과 함께 살았지만 지금은 페테르부르크에 살고 있습니다.

읽기

나타샤	우리 인사를 나누자. 나는 나타샤야. 러시아 사람이야.
보미	반가워. 내 이름은 보미야. 한국 사람이야.
나타샤	보미야, 너는 서울에 사니?
보미	아니, 예전에는 서울에 살았는데, 지금은 모스크바에서 살면서 일해.
나타샤	너는 어디에서 일하니?
보미	지금 회사에서 일해.

듣기

Наталья Ивановна – преподаватель. Её студенты много работают и дома, и в университете. Вчера они подарили ей цветы. Они часто ей пишут.

나탈리야 이바노브나는 대학 강사다. 그녀의 학생들은 집에서도, 학교에서도 열심히 공부한다. 어제 그들은 그녀에게 꽃을 선물했다. 그들은 그녀에게 자주 편지를 쓴다.

읽기

제 이름은 이반입니다. 저는 대학생입니다. 22살입니다. 저는 대학교에서 공부합니다. 이 사람은 제 친구 알렉입니다. 그는 요리사이고 23살입니다. 그는 식당에서 일합니다. 그의 (여자)친구 니나는 회사에서 일합니다. 그녀는 24살입니다. 그녀는 알렉을 좋아합니다.

10과

듣기

Сегодня праздник, и все члены семьи дома. Отцу не нужно идти на работу, Тане не нужно идти в школу. Олег звонит Дохёну и приглашает его в гости.

오늘은 명절날이고, 모든 식구들이 집에 있다. 아버지는 직장에 가실 필요가 없고, 타냐는 학교에 가지 않아도 된다. 알렉은 도현에게 전화를 해서 그를 초대한다.

읽기

도현은 모스크바를 아주 좋아합니다. 특히 그는 아침의 도시를 좋아합니다. 아침에 그는 자주 도시를 돌아다닙니다. 알렉에게 선물을 사 주기 위해서 지금은 국영백화점(ГУМ)에 가고 있습니다. 내일은 알렉의 생일이고, 도현은 그에게 사진기를 선물하고 싶습니다.

11과

듣기

(В магазине)

A Покажите, пожалуйста, красную сумку.

B Эту?

A Да, эту. Сколько она стоит?

B 5000 рублей.

A Очень дорого.

B А эта чёрная сумка стоит 1000 рублей. Очень хорошая.

A Я возьму её.

(상점에서)

A 빨간 가방 좀 보여 주세요.

B 이거요?

A 네, 이거요. 얼마인가요?

B 5000루블입니다.

A 너무 비싸네요.

B 이 검은 가방은 1000루블이에요. 아주 좋지요.

A 그걸로 할게요.

읽기

제 이름은 레나입니다. 저는 모스크바에 살면서 일하고 있습니다. 제게는 보미라는 (여자) 친구가 있습니다. 내일은 보미의 생일입니다. 저는 그녀에게 예쁜 가방을 선물해 주고 싶습니다. 어제 상점에 다녀왔습니다. 거기에는 아주 예쁜 가방이 있었지만 너무 비쌌습니다. 가방은 6000루블이었습니다.

12과

듣기

Таня	Боми, какая погода в Сеуле весной?
Боми	В марте прохладно, в апреле тепло.
Таня	А в мае?
Боми	В мае становится жарко.
Таня	Говорят, что летом в Сеуле часто идёт дождь.
Боми	Летом в Сеуле очень жарко и часто бывает дождь.
Таня	Какое твоё любимое время года?
Боми	Моё любимое время года - зима.

타냐	보미야, 서울은 봄에 어떤 날씨니?
보미	3월에는 시원하고, 4월에는 따뜻해.
타냐	5월에는?
보미	5월에는 더워지기 시작하지.
타냐	여름에는 서울에 비가 자주 온다고들 하던데.
보미	여름에 서울은 매우 덥고 비가 자주 와.
타냐	너는 어떤 계절을 제일 좋아하니?
보미	나는 겨울을 제일 좋아해.

읽기

알렉은 톰스크에서 태어났습니다. 톰스크는 시베리아에 위치하고 있습니다. 톰스크의 겨울은 춥고 여름은 덥습니다. 시베리아에는 눈이 많이 옵니다. 도현은 부산에서 태어났습니다. 부산은 한국의 남쪽에 위치하고 있습니다. 부산은 여름에 매우 덥고 겨울에는 평균 영상 2~3도 정도로 많이 춥지 않습니다.

13과

듣기

Вадим живёт далеко и каждый день ездит на работу на автобусе. Сегодня идёт дождь, и он едет на машине. А Наташа никогда не ездит на машине. Она ездит только на метро.

바딤은 멀리 살고 있고 매일 버스를 타고 출근을 합니다. 오늘은 비가 옵니다. 그래서 오늘 그는 차를 타고 갑니다. 나타샤는 어떤 경우에도 차를 타고 다니지 않습니다. 그녀는 지하철로만 다닙니다.

읽기

나는 1년에 3번 이르쿠츠크를 갑니다. 이르쿠츠크에는 나의 부모님과 형제들이 살고 있습니다. 나의 여자 친구 레나는 노보시비르스크에 자주 갑니다. 거기에는 그녀의 할머니와 할아버지가 사십니다. 모레 그녀는 기차를 타고 노보시비르스크에 갑니다. 동생 안톤도 그녀와 같이 갑니다.

14과

듣기

Вчера Анна писала письма домой. Она писала письма два часа. Когда она писала письма, Олег слушал музыку. Когда она написала письма, она пошла ужинать. Она часто ужинает с Олегом.

어제 안나는 집으로 편지를 썼습니다. 그녀는 두 시간 동안 편지를 썼습니다. 안나가 편지를 쓰고 있을 때 알렉은 음악을 들었습니다. 안나는 편지를 다 쓰고 나서 저녁을 먹으러 갔습니다. 그녀는 알렉과 자주 저녁을 먹습니다.

읽기

지난달 우리는 매일 8시에 공부하기 시작했습니다. 선생님은 물어보셨습니다:

– 어제 저녁에 무엇을 했나요?

우리는 대답했습니다:

– 책을 읽고 연습 문제를 풀었습니다.

선생님은 새 텍스트를 설명하고 새 표현들을 칠판에 쓰셨습니다. 우리는 거의 모든 것을 이해했습니다.

15과

듣기

Дохён	Боми, ты была в Большом театре?
Боми	Да, была. А ты?
Дохён	Я не был. Скажи, пожалуйста, где он находится?
Боми	Он находится на Театральной площади. До Театральной площади можно доехать на метро.

도현	보미야, 너는 볼쇼이 극장에 가 봤니?
보미	응, 가 봤어. 너는?
도현	나는 안 가 봤어. 볼쇼이 극장이 어디에 있는지 말해 줘.
보미	볼쇼이 극장은 극장 광장에 위치하고 있어. 극장 광장까지는 지하철로 갈 수 있어.

읽기

제 이름은 클라우스입니다. 저는 독일 사람입니다. 저는 페테르부르크, 기숙사에 삽니다. 기숙사는 네프스키 대로에 위치하고 있습니다. 저는 상트 페테르부르크 국립대학에서 공부하고 있습니다. 대학교까지는 버스로 갈 수 있습니다. 저의 형은 독일 회사에서 일합니다. 회사는 러시아 박물관에서 가까운 곳에 위치합니다. 직장에 그는 지하철을 타고 다닙니다.

16과

듣기

Боми	Дохён, чем ты занимаешься в свободное время?
Дохён	Я люблю ходить в театр. Моё хобби – театр. Чем ты увлекаешься, Боми?
Боми	Я увлекаюсь музыкой. Больше всего я люблю классическую музыку.
Дохён	Кто твой любимый композитор?
Боми	Мой любимый композитор – Рахманинов.

보미	도현아. 너는 여가 시간에 무엇을 하니?
도현	나는 (연극)극장 다니길 좋아해. 내 취미는 연극(관람)이야. 보미, 너는 무엇에 관심있니?
보미	나는 음악을 좋아해. 무엇보다도 나는 클래식 음악을 좋아해.
도현	네가 제일 좋아하는 작곡가는 누구니?
보미	내가 제일 좋아하는 작곡가는 라흐마니노프야.

읽기

토요일에 보통 나는 여행을 다니거나 연극 극장을 다닙니다. 지난 토요일에는 수즈달로 여행을 다녀왔습니다. 이번 토요일에는 마린스키 극장에 가서 《백조의 호수》를 볼 예정입니다. 다음 토요일에는 노브고로드 여행을 갈 것입니다.

17과

듣기

Ирина любит зиму. Зимой она часто ездит кататься на коньках. Вчера она каталась на коньках и поздно вернулась домой. Дома она сняла сапоги, положила перчатки на стол и повесила куртку в шкаф.

이리나는 겨울을 좋아합니다. 겨울에 그녀는 자주 스케이트를 타러 다닙니다. 어제는 스케이트를 타고 늦게 집에 돌아왔습니다. 집에서 그녀는 장화를 벗고, 장갑을 책상 위에 놓고 점퍼를 옷장에 걸었습니다.

읽기

생일

안톤과 친구들	이라, 생일 축하해! 행복하고 건강하고 항상 좋은 일만 있어.
이라	고마워, 안톤. 고마워, 얘들아.
안톤	우리 선물이야.
이라	너무 이쁜 꽃이다! 너무 고마워. 얘들아, 식사하자. 앉아.
안톤	멋진 식사다! 모두 너무 이쁘다.

18과

듣기

Любимый вид спорта Лены – лыжи. Вчера она ездила в горы кататься на лыжах. Ей было очень холодно. Сегодня утром у неё была высокая температура, болело горло. Она ходила к врачу, и врач сказал, что ей нужно принимать таблетки 3 раза в день и пить горячий чай.

레나가 제일 좋아하는 운동 종목은 스키입니다. 어제 그녀는 스키를 타러 산에 다녀왔습니다. 아주 추웠습니다. 오늘 아침 열이 많이 나고 목이 아팠습니다. 병원에 다녀왔는데, 의사는 하루에 세 번 약을 먹고 뜨거운 차를 마셔야 한다고 말했습니다.

읽기

타냐는 어제저녁에 극장에 다녀왔습니다. 거리는 추웠고 눈이 왔습니다. 타냐는 옷을 얇게 입고 있었습니다. 오늘 아침 일어났을 때 그녀는 몸이 좋지 않았습니다. 기침과 콧물이 났습니다.

듣기

Таня Вера, ты не знаешь, где можно купить шарф? Вчера я была в магазине, но не могла найти шарф, который мне нравится.

Вера Есть очень хороший магазин, который называется «Красота и мода». Сегодня какое число?

Таня Сегодня второе ноября. А что?

Вера В начале ноября обычно начинаются предновогодние распродажи. Магазины предоставляют скидки, и ты можешь купить вещи подешевле.

Таня Здорово! Я узнаю, когда начинается распродажа в магазине «Красота и мода».

타냐 베라야, 어디서 스카프를 살 수 있는지 모르니? 어제 상점에 갔었는데 내 마음에 드는 스카프를 발견하지 못했어.

베라 《미와 유행》이라고 불리는 아주 좋은 상점이 있어. 오늘 며칠이지?

타냐 오늘 11월 2일이야. 왜?

베라 11월 초에 보통 연말 세일이 시작되거든. 상점들이 할인 행사를 하기 때문에 더 싸게 물건들을 살 수 있어.

타냐 좋았어! 《미와 유행》이라는 상점에서 언제 세일이 시작되는지 알아볼게.

읽기

보미 얘들아, 내일 알렉 생일인 거 잊지 않았지?

도현 나는 선물 산다는 걸 완전히 까먹었네. 타냐, 너는 무슨 선물을 샀니?

타냐 알렉은 사진 찍는 것을 좋아하잖아. 나는 새 사진기를 샀어.

도현 좋고 예쁜 사진첩을 사 주는 건 어떨까?

보미 좋은 생각이야. 나는 사진을 저장할 새 USB를 사 줘야겠다.

듣기

Олег стоял на углу улицы и ждал Дохёна. По улице всегда ходят много людей. Вот по другой стороне идёт Таня, которая несёт маленький пакет. А вот в автобусе едет Анна Ивановна. Она везёт сумку с продуктами.

알렉은 길 모퉁이에 서서 도현을 기다리고 있습니다. 거리에는 항상 사람들이 많이 다닙니다. 건너편으로 작은 쇼핑백을 든 타냐가 가고 있습니다. 그리고 여기 버스 안에 안나 이바노브나가 타고 가고 있습니다. 그녀는 식료품이 든 가방을 가지고 가고 있습니다.

읽기

보미 오늘 우리 하루 종일 도시를 산책했네. 너무 배고프다.

도현 나도 무척 지쳤어. 어디 가서 뭐라도 먹을까?

보미 좋고 안락한 카페를 알고 있어. 비싸지도 않고 음식이 맛있어.

도현 너는 무엇을 먹을래?

보미 나는 야채샐러드와 비프스테이크를 주문할래.

도현 나는 게살 샐러드와 커틀렛을 먹을래.

266

기타